〔宋〕蘇易簡 撰

文房四譜

廣陵書社
中國·揚州

圖書在版編目（CIP）數據
文房四譜 /（宋）蘇易簡撰. -- 揚州 : 廣陵書社,
2024. 6. -- （國學經典叢書）. -- ISBN 978-7-5554
-2301-0
Ⅰ. K875.44
中國國家版本館CIP數據核字第2024LB2392號

書　　名　文房四譜
撰　　者　〔宋〕蘇易簡
責任編輯　李　佩
出 版 人　劉　棟
裝幀設計　鴻儒文軒

出版發行　廣陵書社
揚州市四望亭路 2-4 號　郵編:225001
(0514) 85228081(總編辦)　85228088(發行部)
http://www.yzglpub.com　E-mail:yzglss@163.com
印　　刷　三河市華東印刷有限公司

開　　本　880 毫米 × 1230 毫米　1/32
印　　張　7.25
字　　數　60 千字
版　　次　2024 年 6 月第 1 版
印　　次　2024 年 6 月第 1 次印刷
書　　號　ISBN 978-7-5554-2301-0
定　　價　48.00 圓

編輯説明

自上世紀九十年代末始，我社陸續編輯出版一套綫裝本中華傳統文化普及讀物，名爲《文華叢書》。編者孜孜矻矻，兀兀窮年，歷經二十餘載，聚爲上百種，集腋成裘，蔚爲可觀。叢書以内容經典、形式古雅、編校精審，深受讀者歡迎，不少品種已不斷重印，常銷常新。

國學經典，百讀不厭，其中藴含的生活情趣、生命哲理、人生智慧，以及家國情懷、歷史經驗、宇宙真諦，令人回味無窮，啓迪至深。爲了方便讀者閱讀國學原典，更廣泛地普及傳統文化，特于《文華叢書》基礎上，重加編輯，推出《國學經典叢書》。

本叢書甄選國學之基本典籍，萃精華于一編。以内容言，所選均爲家喻户曉的經典名著，涵蓋經史子集，包羅詩詞文賦、小品蒙書，琳琅滿目；以篇幅言，每種規模不大，或數種彙于一書，便于誦讀；以形式言，採用傳統版式，字大文簡，賞心悦目；以編輯言，力求精擇良善版本，細加校勘，注重精讀原文，偶作簡明小注，或酌配古典版畫，體現編輯的匠心。

當下國學典籍的出版方興未艾，品質參差不齊。希望這套我社經年打造的品牌叢書，能爲讀者朋友閱讀經典提供真正的精善讀本。

廣陵書社編輯部

二〇二三年三月

出版説明

蘇易簡（九五八—九九六），字太簡，梓州銅山（今四川中江縣）人。自幼聰悟好學、風度奇秀，才思敏贍。北宋太平興國五年（九八〇）狀元。歷任右拾遺知制誥、知貢舉、翰林學士等，累遷參知政事。後以禮部侍郎出知鄧州、陳州。蘇易簡生性嗜酒，太宗曾草書《勸酒》二章以賜。嗜飲致其未及中壽而卒。著有《續翰林志》《文房四譜》等。《宋史》有傳。

《文房四譜》五卷，是歷史上第一部對文房四物進行總述的文獻，記述了我國古代筆、墨、紙、硯的産生發展、典故趣聞、詩文著述等。其中《筆譜》二卷，《硯譜》一卷，《紙譜》一卷，《墨譜》一卷，還附有筆格（筆架）、水滴器（貯水供磨墨用的器皿）的介紹。其内容大多來自抄録舊籍，如《初學記》《藝文類聚》等，也有相當部分是出自『耳目所及、交知所載』。因其所引的不少書籍今已亡佚，故而這本書不僅爲文房雅談之助，亦有保存史料的價值。

本書南宋晁公武《郡齋讀書志》、陳振孫《直齋書録解題》皆著録爲五卷，至明代因重新分卷有四卷本。現存有清《四庫全書》本、《學海類編》本、《十萬卷樓叢書》本等。本次整理以《學海類編》本爲底本，參校《四庫全書》本。本書涉及不少詩文典故，部分文字與現在的通行本或有出入，除了明顯的錯訛之外，一般據底本予以保留。前插《天工開物》造紙和製墨圖，後附録有四庫館臣對該書的案語評價及黄廷鑑跋文。裝幀精美，供讀者品讀。

廣陵書社編輯部

二〇二四年六月

斬竹漂塘

煮楻足火

蕩料入簾

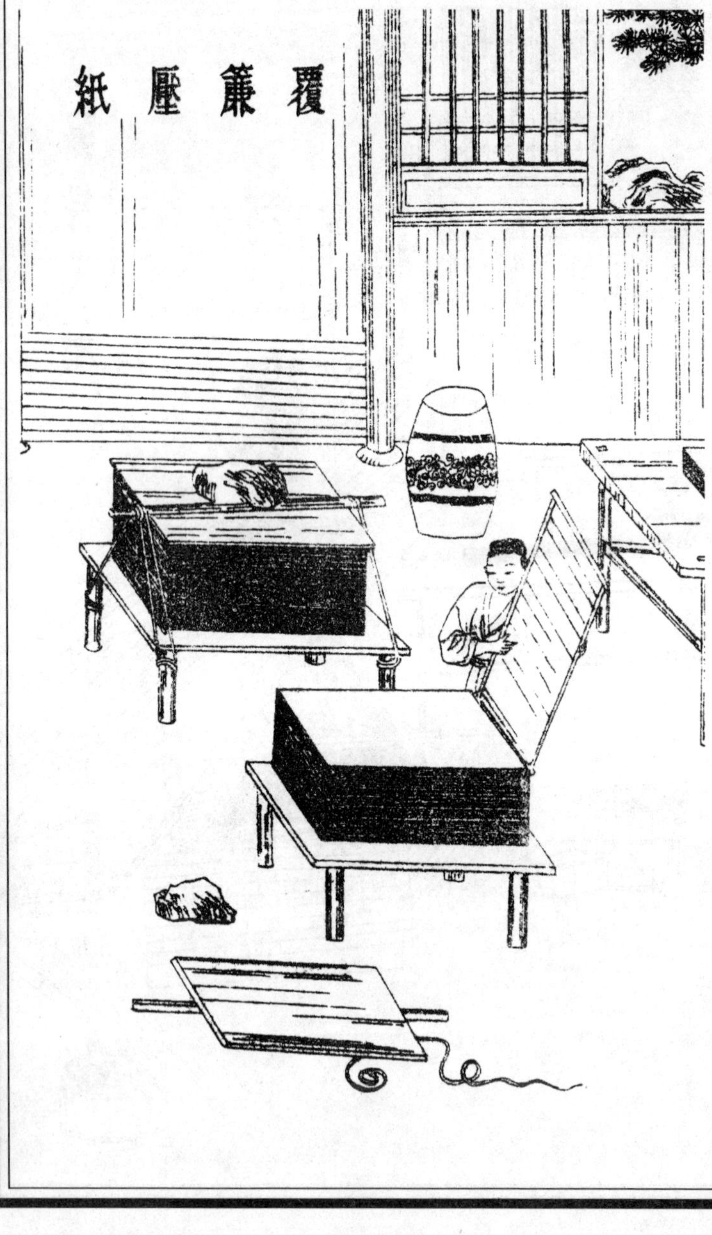
覆簾壓紙

透火焙乾

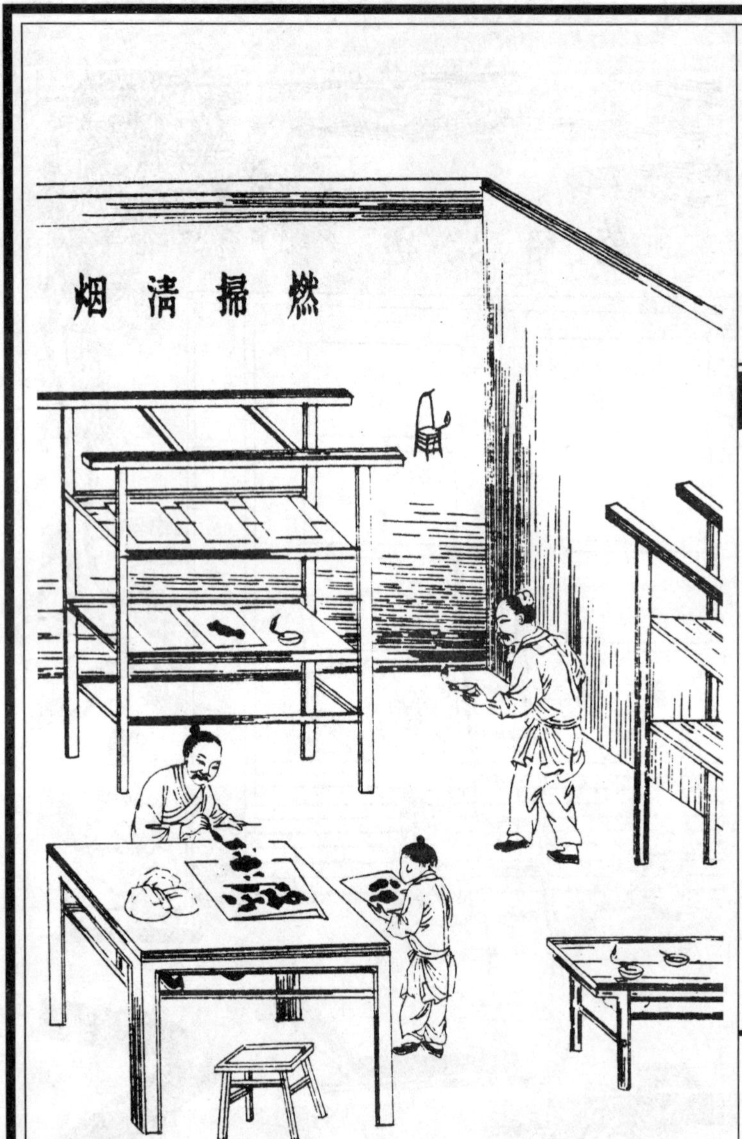
燃掃清烟

取流松液

燒取松烟

目録

文房四譜卷二

文房四譜卷三

文房四譜卷四

文房四譜卷五

序

聖人之道，天下之務，充格上下，綿亘古今，究之無倪，酌之不竭。是以君子學然後知不足也。然則士之處世，名既成，身既泰，猶復孜孜於討論者，蓋亦鮮矣。昔魏武帝獨歎於袁伯業，今復見於武功蘇君矣。君始以世家文行，貢名春官。天子臨軒考第，首冠群彦。出入數載，翱翔青雲，彩衣朱紱，光映里閈，其美至矣。而其學益勤，不矜老成，以此爲樂。退食之室，圖書在焉，筆硯紙墨，餘無長物。以爲此四者爲學所資，不可斯須而闕者也。由是討其根源，紀其故實，參以古今之變，繼之賦頌之作，各從其類次而譜之，有條不紊，既精且博。士有能精此四者，載籍其焉往哉？愚亦好學者也，覽此書而珍之，故爲文冠篇，以示來者。東海徐鉉。

文房四譜卷一

筆譜上附筆格

一之叙事

上古結繩而理，後世聖人易之以書契。蓋依類象形，始謂之文，形聲相益，故謂之字。孔子曰：『誰能出不由户？』揚雄曰：『孰有書不由筆？』苟非書，則天地之心，形聲之發，又何由而出哉？是故知筆有大功於世也。

《釋名》曰：『筆，述也。謂述事而言之。』又成公綏曰：

『筆者，畢也，謂能畢具萬物之形，而序自然之情也。』又《墨藪》云：『筆者，意也，意到即筆到焉。』又吴謂之不律，燕謂之弗，秦謂之筆也。』又許慎《説文》云：『楚謂之聿。』聿字從聿、一。又聿音支涉反。聿者，手之捷巧也，故從又、從巾。秦謂之筆，從聿竹。』郭璞云：『蜀人謂筆爲不律。』雖曰蒙恬製筆，而周公作《爾雅》授成王，而已云簡謂之札，不律謂之筆，或謂之點。』又《尚書中候》云：『玄龜負圖出，周公援筆以時文寫之。』《曲禮》云：『史載筆。』《詩》云：『静女其孌，貽我彤管。』又夫子絶筆於獲麟。《莊子》云：『舐筆和墨。』是知古筆其來久矣。又慮古之筆，不論以竹、以毛、以木，但能染墨成字，即呼之爲筆也。昔蒙恬之作秦筆也，柘木爲管，以鹿毛爲柱，羊毛爲被，所以蒼毫，非謂兔毫竹管也。見崔豹《古今注》。秦之時，併吞六國，滅前代之美，故蒙恬獨稱於時。又《史記》云：始皇令恬與太子扶蘇築長城，恬取中山兔毛造筆，令判案也。

《西京雜記》云：漢製天子筆以錯寶爲跗，音夫。毛皆以秋兔之毫，官師路扈爲之。又以雜寶爲匣，厠以玉璧翠羽，皆直百金。

又《漢書》云：尚書令、僕射、丞相、郎官，月給大筆一雙。

篆題云『北宮工作』。

又傅玄云：漢末，一筆之柙，雕以黃金，飾以和璧，綴以隋珠，文以翡翠。非文犀之楨，必象齒之管，豐狐之柱，秋兔之翰。用之者必被珠綉之衣，踐雕玉之履。

《王子年拾遺記》云：張華造一作『進』。《博物志》成，晉武賜麟角筆管。此遼西國所獻也。

《孝經援神契》云：孔子制作《孝經》，使七十二子向北辰磬折，使曾子抱河洛書北向。孔子簪縹筆，衣絳單衣，向北辰而拜。

王羲之《筆經》云：有人以緑沈漆竹管及鏤管見遺，録之多年，斯亦可愛玩。詎必金寶雕琢，然後爲貴乎？

崔豹《古今注》云：今士大夫簪筆佩劍，言文武之道備也。

晉蔡洪赴洛中，人問曰：『吴中舊姓何如？』答曰：『吴府君，聖朝之盛佐，明時之俊乂。朱永長，理物之宏德，清選之高望。嚴仲弼，九皋之鴻鵠，空谷之白駒。顧彦先，八音之琴瑟，五色之龍章。張威伯，歲寒之茂松，幽夜之逸光。陸士龍，鴻鵠之徘徊，懸鼓之待槌。此諸君以洪筆爲鋤耒，以紙札爲良田，以玄墨爲稼穡，以義理爲豐年。』出《劉氏小説》，又出《語林》。

《文士傳》云：成公綏口不能談，而有劇問，以筆答之，見其深智。

吴闞澤爲人傭書，以供紙筆。

《世説》：王羲之得用筆法於白雲先生，先生遺之鼠鬚筆。又云：鍾繇、張芝，皆用鼠鬚筆。

魏曹公聞吴與劉先主荆州，方書，不覺筆墜地。何晏亦同。司馬宣王欲誅曹爽，呼何晏作奏，曰：『宜上卿名。』晏驚，失筆於地。

晉王珣，字元林，夢人以大筆如椽與之。人説云：『君當有大手筆。』後孝武哀策、謚文，皆珣所草。又云是王東亭。

《漢書》：張安世持槖簪筆，事孝武數十年，以備顧問，可謂忠謹矣。

《梁書》：紀少瑜，字幼瑒，嘗夢陸倕以一束青鏤管筆授之，云：『我以此猶可用，卿自擇其善者。』其文因此遂進。

梁鄭灼，家貧好學，抄義疏以日繼夜。筆毫盡，必削而用之。

隋劉行本累遷掌朝下大夫。周代故事：天子臨軒，掌朝典筆硯，持至御座，則承御大夫取以進之。及行本爲掌朝，將進筆於帝，承御復從取之。行本抗聲曰：『筆不可得！』帝驚視，問之。行本曰：『臣聞設官分職，各有司存。臣既不得佩承御刀，承御亦焉敢取臣筆？』帝曰：『然。』因令二司各行所職。

柳公權爲司封員外，穆宗問曰：『筆何者書善？』對曰：『用筆在心正，心正則書正。』上改容，知其筆諫。

《景龍文館集》云：中宗令諸學士入甘露殿。其北壁列書架，架上之書學士等略見，有《新序》《説苑》《鹽鐵》《潛夫》等論。架前有銀硯一，碧鏤牙管十，銀函盛紙數十種。

《楊子法言》云：孰有書不由筆，言不由舌？吾見天常爲帝王之筆舌也。

《論衡》曰：智能之人，須三寸之管，一尺之筆，然後能自通也。

曹褒，字叔通，嘗慕叔孫通爲漢朝儀，夜則沈思，寢則懷鉛筆，行則誦文書。當其念至，忽忘所之。

《韓詩外傳》曰：趙簡子有臣曰周舍，立於門下三日三夜。簡子問其故，對曰：『臣爲君諤諤之臣。墨筆執牘，從君之後，伺君過而書之。』

司馬相如作文，把筆齧之，似魚含毫。陸士衡《文賦》云：『或含毫而邈然。』

梁元帝爲湘東王時，好文學，著書常記録忠臣義士及文章之美者。筆有三品，或金銀雕飾，或用斑竹爲管。忠孝全者，用金管書之；德行精粹者，用銀管書之；文章贍逸者，以斑竹管書之。故湘東之譽，播於江表。

《東宫舊事》：皇太子初拜，給漆筆四枝，銅博山筆床副焉。

歐陽通，詢之子。善書，瘦怯於父，常自矜能。書必以象牙犀角爲管，狸毛爲心，覆以秋毫；松烟爲墨，末以麝香；紙必須用緊薄白滑者乃書之：蓋自重也。

柳惲嘗賦詩未就，以筆捶琴，坐客以箸扣之，惲驚其哀韻，乃製爲雅音。後傳擊琴自筆捶之始也。

《史記》：相如爲天子遊獵之賦，賦成，武帝許尚書給其筆札。

又漢獻帝令荀悦爲《漢紀》三十篇，詔尚書給其筆札。

江淹夢得五色筆，由是文藻日新。後有人稱郭璞，取之。

君子有三端，其一曰：文士之筆端。

漢班超常爲官傭書，久勞苦，乃投筆曰：『大丈夫當效傅介子、張騫，立功異域，以取封侯。焉能久事筆硯？』

陸雲與兄士衡書曰：『君苗每常見兄文思，欲焚筆硯。』

魏明帝見殿中侍御史簪白筆，側階而立，問曰：『此何官也？』辛毗對曰：『御史簪筆書過，以記陛下不依古法者。今者，直備官眊筆耳。』

左思爲《三都賦》，門庭藩溷，必置筆硯，十稔方成。

薛宣令人納薪，以炙筆硯。

又魚豢《魏略》曰：顔斐，字文林，爲河東太守。課人輸租，車便置薪兩束，爲寒炙筆硯。風化大行。

禰衡爲《鸚鵡賦》於黃射祖之子。座上，筆不停綴。又阮瑀援筆草檄立成，曹公索筆求改，卒無下筆處。

揚雄每天下上計孝廉會，即把三寸弱翰，齎油素四尺，以問其異。

《史記》：西門豹爲鄴令，投巫於水，復投三老。乃簪筆磬折，向河而立，以待良久。

崔豹《古今注》云：牛亨問：『彤管何也？』答曰：『彤，赤漆耳。史官載事，故以赤管，言以赤心記事也。』

曹公欲令十吏就蔡琰寫書。姬曰：『妾聞男女禮不親授，乞給紙筆一月，真草維命。』於是繕寫送之，文無遺誤。

王粲才高，辨論應機，屬文舉筆便成。鍾繇、王朗，名爲魏卿相，至朝廷奏議，皆閣筆不敢措手。

《袁子正書》云：尚書以六百石爲名，佩契刀囊，執版，右簪筆焉。

僧智永學書，舊筆頭盈數石，自後瘞之，目爲退筆冢。見《筆勢》中。

《孔子世家》云：孔子在位聽訟，文辭可以與人共者，不獨有也。至於修《春秋》，筆則筆，削則削。子夏之徒，不能贊其一辭。

薛宣爲陳留，下至財用筆硯，皆爲設方略利用，必令省費也。

王充好理實，閉門潛思，户牖墻壁各置刀筆，著《論衡》八十五篇，二十餘萬言。

謝承《後漢書》云：楊璇，字璣平，平零陵賊，爲荆州刺史趙凱横奏。檻車徵之，仍奪其筆硯。乃齧臂出血，以簿中白毛筆染血以書帛上，具陳破賊之形勢，及言爲凱所誣。以付子弟詣闕。詔原之。

王隱《晉書》：陳壽卒，洛陽令張泓遣吏賫紙筆，就壽門下寫《三國志》。

《謝莊傳》云：時宋世宗出行夜還，敕開門。莊居守曰：『伏須神筆，乃敢開門。』

《王僧虔傳》云：宋孝武欲擅書名，僧虔不敢顯迹，常用掘筆書，以此見容。

孔稚圭上表曰：聖照元覽，斷自天筆。

庾易，字幼簡。侍中袁彖雅慕之，贈鹿角書格、蚌硯、象牙筆管。

陶弘景，字彦通。年四五歲常以荻爲筆，畫灰中學書，遂爲善隸。

范岫，字懋賓，濟陽考城人。每居，常以廉潔著稱。爲晉陵太守，雖牙管一雙，猶以爲費。

《太公陰謀》：筆之書曰，毫毛茂茂，陷水可脱，陷文不活。

蔡邕《與梁相》：復惠善墨良筆，下工所無重，惟大恩厚施，期於終始。『工』一作『士』。

徐廣《車服儀制》曰：古者，貴賤皆執笏。縉紳之士者，縉笏而垂紳帶也。有事則書之，故常簪筆。今之白筆，是其遺像。

《禮》云：『史載筆，士載言。』注云：『謂從於會同，各持其職，以待事也。筆謂書具之屬。』

《典略》云：路粹，字文蔚，少學於蔡邕。爲丞相軍謀祭酒，曹操令枉狀奏孔融誅之。後人觀粹所作，無不嘉其才而忌其筆。

二之造

韋仲將《筆墨方》：先於鐵梳梳兔毫及青羊毛，去其穢毛訖，各別用梳掌痛，正毫齊鋒端，各作扁，極令勻調平好，用衣青羊毛。毛去兔毫頭下二分許，然後合扁，卷令極固。痛頡訖，以所正青羊毛中截，用衣筆中心，名爲『筆柱』，或曰『墨池』『承墨』。復用青毫，外如作柱法，使心齊，亦使平均，痛頡内管中，宜心小不宜大。此筆之要也。

王羲之《筆經》曰：《廣志會獻》云，諸郡獻兔毫，出鴻都門，惟有趙國毫中用。世人咸云兔毫無優劣，筆手有巧拙。意謂趙國平原廣澤，無雜草木，惟有細草，是以兔肥。肥則毫長而鋭，此則良筆也。凡作筆須用秋兔。秋兔者，仲秋取毫也。所以然者，孟秋去夏近，則其毫焦而嫩；季秋去冬近，則其毫脆而禿；惟八月寒暑調和，毫乃中用。其夾脊上有兩行毛，此毫尤佳，脅際扶疏，乃其次耳。采毫竟，以紙裹石灰汁，微火上煮，令薄沸，所以去其膩也。先用人髮抄數十莖，雜青羊毛並兔毳，凡兔毛長而勁者曰毫，短而弱者曰毳。惟令齊平。以麻紙裹柱根令治，用以麻紙者，欲其體實，得水不脹。次取上毫薄薄布柱上，令柱不見，然後安之，惟須精擇，去其倒毛，毛杪合鋒，令長九分。管修二握，須圓正方可。後世人或爲削管，故筆輕重不同。所以筆多偏握者，以一邊偏重故也。自不留心加意，無以詳其至。此筆成，合蒸之，令熟三斛米飯，須以繩穿管懸之水器上一宿，然後可用。世傳鍾繇、張芝皆用鼠鬚筆，鋒端勁强有鋒鋩，余未之信。夫秋兔爲用，從心任手，鼠鬚甚難得，且爲用未必能佳，蓋好事者之説耳。昔人或以琉璃、象牙爲筆管，麗飾則有之，然筆須輕便，重則躓矣。近有人以綠沈漆管及鏤管見遺，録之多年，斯亦可愛玩，詎必金寶雕琢，然後爲貴也。余嘗自爲筆，甚可用，謝安石、庾稚恭每就我求之，靳而不與。

《博物志》云：有獸緣木，文似豹，名虎僕，毛可以取爲筆。

嶺外尤少兔，人多以雜雉毛作筆，亦妙。故嶺外人書札多體弱，然其筆亦利。其鋒至水乾墨緊之後，鬈然如薑焉。所以《嶺表記》云：嶺外既無兔，有郡牧得兔毫，令匠人作之。匠者醉，因失之，惶懼，乃以己鬚製上。甚善，詰之，工以實對。郡牧乃令一户必輸人鬚，或不能逮，輒責其直。宣城之筆，雖管答至妙，而佳者亦少，大約供進或達寮爲之則稍工。又或以鹿之細毛爲之者，故晉王隱《筆銘》云：『豈其作筆，必兔之毫？調利難禿，亦有鹿毛。』蓋江表亦少兔也，往往商賈齎其皮南渡以取利。今江南民間使者，則皆以山羊毛焉。蜀中亦有用羊毛爲筆者，往往亦不下兔毫也。

今之飛白書者，多以竹筆，尤不佳。宜用相思樹皮，棼其末而漆其柄，可隨字大小，作五七枚妙。往往一筆書一字，滿一八尺屏風者。

《墨藪》云：王逸少《筆勢圖》，先取崇山絶仞中兔毫，八九月收之，取其筆頭長一寸，管長五寸，鋒齊腰强者妙。

今之小學者言筆，有四句訣云：『心柱硬，覆毛薄，尖似錐，齊似鑿。』

蜀中出石鼠，毛可以爲筆，其名鼣。

秦蒙恬爲筆，以狐狸毛爲心，兔毫爲副。見《博物志》。

李陽冰《筆法訣》云：夫筆大小硬軟長短，或紙絹無心散卓等，即各從人所好。用作之法，匠須良哲，物料精詳。入墨之時，則毫副諸毛勿令斜曲。每因用了，則洗濯收藏，惟己自持，勿傳他手。至於時展其書，興來不過百字，更有執捉之勢，用筆緊慢，即出於當人至理確定矣。

今有以金銀爲泥書佛道書者，其筆毫纔可數百莖。濡金泥之後，則鋒重澀而有力也。

淮南王《萬畢術》曰：取桐燭與柏木及蠟俱内筒中，百日以爲筆，畫酒自分矣。

三之筆勢 能書附

《老子》曰：『鑿户牖以爲室，當其無，有室之用。』夫《四譜》之作，其用者在於書而已矣，故《筆勢》一篇附之。

《真誥》曰：『三皇之世，演八會之文，爲龍鳳之章、飛篆之迹，以爲頒形。梵書分破二道，壞真從易，配别分支，乃爲六十四種之書。』又《真誥》曰：『三君手迹，楊君書最工，不今不古，能大能細。大較雖效郄愔筆法，力兼二王而名不顯者，當以地微，兼爲二王所抑。』掾書學楊，而字體勁利。又云：八會書，文章之祖也。夫書通用墨者何？蓋文章屬陰，自陰顯於陽也。

又云：神仙之書，乃靈筆真手也。

時人咸云：兔毫無優劣，筆手有巧拙。

王羲之《筆勢論》云：凡欲書時，先乾研墨，安著水中。研墨須調，不得生用，生用則浸漬慢澀。點筆之法，只可豆許大，濕不宜大點。橫畫之法不得緩，緩即不緊。豎牽之法不得急，宜卓把筆立，筆頭先行，筆管須卓立，豎傍則曲也。輕健妙真，書之法也。草行之法，即任意也。

又云：初學書時，不得盡其形勢，先想成字，意在筆前。一遍正其手脚，二遍須得形勢，三遍須少似本，四遍加其遒潤，五遍加其泄拔。須俟筆滑，不得計其遍數。又云：手穩爲本，分間布白，上下齊平，得其體勢。大者促之令小，小者放之令大，自然寬狹得所，不失其宜。又云：書法點之法，如大石當衢，或如蹲鴟，或如瓜子，或如科斗。落手之法，峨峨若長松之倚溪。立人之法，如鳥在柱首。又云：一點失，如美人之無一目；一畫失，如壯士之無一肱。

吴沈友少好學，時人以友有三妙：一舌妙，二力妙，三筆妙。

趙壹《非草書》曰：十日一筆，月數丸墨。領袖如皂，唇齒皆黑也。

王羲之《與謝安書》曰：復與君此真草，所得極爲不少，而筆至惡，殊不稱意。

蔡伯喈入嵩山學書，於石室内得素書，八角垂芒，頗欲似篆。伯喈得之，不食三日，惟只大叫歡喜。

鍾繇見蔡邕筆法於韋誕，自搥胸三日，胸盡青，因嘔血。魏太祖以五靈丹救之，得活。繇求之，不與。及誕死，繇令人盗掘其墓而得之。故知多力豐筋者聖，無力無筋者病。其後消息而用之，由是更妙。臨死，啓囊授其子會。繇能三色書，然後最妙者八分。

《筆陣圖》云：夫紙者，陣也。筆者，刀矟也。墨者，盔甲也。水硯者，城池也。心意者，將軍也。本領者，副將也。結構者，謀略也。颺筆之次，吉凶之兆也。出入者，號令也。屈折者，殺戮也。

右軍云：弱紙强筆，强紙弱筆。强者弱之，弱者强之。

又云：草書欲緩前急後，斯至訣也。

又云：古謂之填書，今之勒字也。

《墨藪》云：凡書多肉微骨者，謂之墨豬。

又云：凡筆，乃文翰之將軍也，直宜持重。

又云：凡書，必使心忘於筆，手忘於書，心手遺情，書不妄想。要在求之不得，考之即彰。

王逸少先少學於衛夫人，自謂大能。及渡江，北遊名山，見李斯、曹喜書；又之許，見鍾繇、梁鵠書；又入洛，見蔡邕《石經》；又於從兄洽處，見張昶《華嶽碑》。始知學衛夫人徒費年月。遂兼衆家習之，特妙。

衛夫人見王羲之書，語太常王策曰：『此兒必見用筆訣也。妾近見其書，有老成之智。』因流涕曰：『子必蔽吾書名。』

晉安帝時，北郊祭文命更寫之。工人削之，羲之筆已入七分。

虞世南《筆髓》云：夫書須手腕輕虛。夫未解書，則曰一點一畫，皆求像本也，乃自取拙見，豈知書耶？太緩則無筋，太急則無骨，側管則鈍，慢則肉多，豎筆則鋒直，乾枯則勢露。宜粗而不鋭，細而不壯，長者不爲有餘，短者不爲不足。

又云：夫筆長短不過五六寸，搦管不過三寸。真一，行二，草三，宜指實掌虛。

王方慶於太宗時，上其十一代祖導、十代祖洽、九代祖珣，八代祖曇首、七代祖僧綽、六代祖仲寶、五代祖騫、高祖規、曾祖裒，九代三從伯祖晉中書令獻之已下書，共十卷。上令中書舍人崔融爲《寶章集》，叙其事以賜，舉朝爲榮。

貞觀六年正月八日，令整理御府今古法書、鍾王等真迹，得一千五百一十卷。

漢元始中，徵天下小學。

張融善草書，自美其能。帝曰：『卿殊有骨力，但恨無二王之法。』答曰：『臣亦恨二王無臣之法。』

梁武帝《論蕭子雲書》曰：『筆力精勁，心手相應，巧逾杜恕，美過崔寔，當與元帝並驅爭先。』其相賞如此。

齊高帝爲方伯，居處甚貧，諸子學書，常少紙筆。武陵王曄嘗以指畫空中，及畫掌學字，遂工書。

夫握筆名指，一指在上爲單鉤，雙指爲雙鉤，指聚爲撮筆，皆學書之因習也。僞蜀士人馮侶能書，得二王之法。然而以二指掐筆管而書。故每筆必二分，迹可深一三分，斯書札之異者也。

漢谷永，字子雲，與婁護字君卿俱爲五侯上客。人號曰：『谷子雲筆札，婁君卿脣舌。』

晉王獻之，字子敬。方學書，父羲之常後掣其筆，不得，乃歎曰：『此兒當有大名。』後果能以箒泥書作大字，方一丈，甚爲佳妙，觀者如堵。筆札之妙，時稱二王。

僧智永於樓上學書，有秃筆頭十甕，每甕數石。人求題頭，門限穿穴，乃以鐵葉裹之，謂之鐵門限。後取筆頭瘞之，號『退筆塚』，自製銘志。

李陽冰云：夫點不變謂之布棋，畫不變謂之布筭，方不變謂之斗，圓不變謂之環。

張伯英好書，凡家之衣帛，皆書而後練。

《晉書》：王逸少書字，若金帖墨中，炳然可愛。

張昶，字文舒，伯英季弟也。章草入神，八分入妙，隸書入能。

劉德升，字君嗣，能書。胡昭、鍾繇俱善書，胡書體肥，鍾書體瘦，亦各有君嗣之美。

王羲之，曠之子。早於其父枕中竊讀《筆説》，父恐其幼，不與，乃拜泣而請之。

王僧虔博涉經史，兼善草隸。齊太祖謂虔曰：『我書何如卿？』虔曰：『臣正書第一，陛下草書第二，正書第三。臣無第二，陛下無第一。』上笑曰：『卿善爲辭也。然天下有道，某不與易。』又高祖嘗與僧虔賭書，畢，帝曰：『誰爲第一？』虔曰：『臣書臣中第一，陛下帝中第一。』帝笑曰：『卿可謂善自謀者也。』

歐陽詢書不擇紙筆，皆能如意。褚遂良須手和墨調，精紙良筆，方書。

張旭得筆法，傳於崔邈、顏真卿。自言：『始吾觀公主擔夫争路，而得筆法之意；後見公孫氏舞劍，得其神。』飲醉輒書，揮筆大叫，以頭揾水墨中，天下呼爲張顛。醒後自觀，以爲神異，不可復得也。

長沙僧懷素好草書，自言得草書三昧。

魏明帝起凌雲臺，先釘榜木題之。乃以籠盛韋誕，轆轤引上書之。去地二十五丈，誕甚危懼，及下，鬚髮盡白。乃誡子孫絶此楷法。

天下名書有荀輿《貍骨藥方帖》、王右軍《借船帖》。右軍嘗醉書數字，點畫象龍爪，後遂有龍爪書。

宋太祖問顔延之：『諸子誰有卿風？』延之曰：『竣得臣筆，測得臣文，㚟得臣義，躍得臣酒。』

蕭隸貧無紙，止畫窗塵以學書。

羲之永和九年製《蘭亭序》，乘興而書，用蠶繭紙、鼠鬚筆，遒媚勁健，絕代更無。太宗後於玉華宮大漸，語高宗曰：『若得《蘭亭序》陪葬，即終無恨矣。』高宗涕泣而從之。

世傳宣州陳氏世能作筆，家傳右軍與其祖《求筆帖》。後子孫尤能作筆。至唐，柳公權求筆於宣城。先與二管，語其子曰：『柳學士如能書，當留此筆。不爾，如退還，即可以常筆與之。』未幾，柳以爲不入用別求，遂與常筆。陳云：『先與者二筆，非右軍不能用。柳信與之遠矣。』

孫敬事母至孝，每得甘蔗，必奔走奉母。每畫地書，真草皆妙也。

衛恒每書大字於酒肆，令人開之納直，以償酒價。直足，則埽去之。

唐太宗《筆法》云：攻書之時，當收視聽，絕慮怡神。心正氣和，則契於元妙。心神不正，字則攲斜。志氣不和，字則顛仆，如魯廟之器也。又云：爲點必收，貴緊而重。爲畫必勒，貴澀而遲。爲撇必掠，貴險而勁。爲豎必努，貴戰而雄。爲戈必潤，貴遲疑而右顧。爲環必郁，貴蹙鋒而抝轉。爲波必磔，貴三折而遣毫。

前蜀王氏朝僞相王鍇，字鱣祥，家藏書數千卷，一一皆親札，並寫藏經。每趨朝，於白藤檐子内寫書。書法尤謹，近代書字之淫者也。

四之雜説

在昔受爵者必置贐於草詔者，謂之潤筆。鄭譯隋文時自隆州刺史復國公爵，令李德林作詔。高熲戲之曰：『筆頭乾。』譯對曰：『出爲方牧，杖策而歸，不得一錢，何以潤筆？』帝大笑。

梁簡文爲《筆語》十卷。今書莫得見。

《幽明録》：賈弼夢人求易其頭，明朝不覺，人見悉驚走，弼自陳乃信。後能半面笑半面啼，兩手兩足並口齊奮，兩筆書成，文辭各異。

齊高洋夢人以筆點其額，王曇哲賀曰：『王當作主。』吴孫權夢亦同，熊循解之。

梁紀少瑜嘗夢陸倕以一束青鏤管筆授之，後文章大進。見《叙事》中。

《搜神記》曰：王祐病，有鬼至其家，留赤筆十餘枝於薦下，曰：『可使人簪之，出入辟惡，舉事皆無恙。』又與上類：壬甲李乙，凡與書，皆無恙。

《西陽雜俎》云：大曆中，東都天津橋有乞兒無兩手，以右足夾筆寫經乞錢。欲書時，先擲筆高尺餘，以足接之，曾無失落，書迹尤楷。

石晉之末，汝州有一高士，不顯姓名。每夜作筆十管，付其室家，至曉，闔户而出。面街鑿壁，貫以竹筒，如引水者。或人置三十錢，則一管躍出，十筆告盡，雖勢要官府督之，亦無報也。其人則携一榼，吟嘯於道宫、佛廟、酒肆中，至夜酣暢而歸。

其匹婦亦怡然自得。復爲十管，來晨賣之，如此三十載，後或携室徙居，杳不知所終。後數十年復見者，顔色如故，時人謂之筆仙。

《魏末傳》曰：夏侯泰初見召還，路絶人事，不畜筆，其謹慎如此。

今之筆故者往往尋不見。或會府吏千百輩，用筆至多，亦不知所之，或云鬼取之判冥。

昔有僧惠遠製《涅槃經疏》訖，咒其筆曰：『如合聖意，此筆不墜。』乃擲於空中，卓然不落。

唐越州法師神楷造《維摩經疏》亦然，後迎入長安。

《酉陽雜俎》云：長安宣平坊有賣油而至賤者，人久疑之。逐入樹窟，乃見蝦蟆以筆管盛樹津，以市於人。發掘而出，尚挾管瞪目，氣色自若。

今都會間有運大筆如椽者。寫小字，小如半麻粒許，瞬息而就。或於稻粒之上寫七言詩一絶，分間布白，歷歷可愛。

《闕史》云：術士如得一故筆，可令於都市中代其受刑，術者即解化而去，謂之筆解。

《本草》云：筆頭灰，取筆多年者燒之，水服，可以療溺塞之病。

《列仙傳》云：李仲甫，潁川人。漢桓帝時賣筆遼東市上，一筆三錢，無直亦與之。明旦，有成筆數十束。如此三年，得錢輒弃之道中。

魏王思爲大司農，性急。常執筆作書，蠅集筆端，驅去復來。思怒逐蠅不得，還，乃取筆擲地毀之。又蠅集苻堅筆以傳赦。堅與王猛、苻融密議於露臺，有大蒼蠅入自牖間，鳴聲甚大，集筆端，去於市中爲黑衣小人，大呼曰：『官今大赦。』

《御史臺記》云：臺中尚揖，揖者，古之肅拜也，故有『臺揖筆』，每署事必舉筆當額。有不能下筆者，人號爲『高揩筆』。往往自臺拜他官，執筆亦誤作臺揖者，人皆笑之。

德宗在奉天，與渾瑊無名官告千餘軸，募敢死之士。賜瑊御筆一管，當戰勝量功伐，即署其名授之，不足，即以筆書其紳。

唐相裴休，早肄業於河内之太行山。後登顯位，建寺於彼，目爲化城寺。旋授太原節鎮，經由是寺，寺之僧粉額陳筆硯，俟裴公親題之。裴公神情自若，以衣袖揾墨以書之，尤甚遒健。逮歸，侍婢訝其霑渥，裴公曰：『向以之代筆來。』

《王子年拾遺記》云：任末年十四，學無常師。或依林木之下，編茅爲庵，削荊爲筆，刻樹汁以爲書。夜則映月望星，暗則然蒿自照。

劉峻與沈約、范雲同奉梁武，策錦被事，咸言已罄。而峻請紙筆，更疏十事，在座皆驚，帝失色。

晉陸士龍云：魏武帝劉婕妤，以七月七日折琉璃筆管，此其時也。出《時照新書》。

《會稽典録》云：盛吉拜廷尉，每冬月罪囚當斷，妻執燭，吉持丹筆，相向垂涕。吉，字君達。

《晉春秋》云：何禎少孤，常以縛筆織扇爲業，善爲智計，由是知名。

王隱始著《國史》，成八十八卷。屬免官居家。家貧匱筆札，未能就，遂南遊陶侃。又還江州，投庾元規。規乃給其筆札，其書遂成。

《天合百録》云：西天龍猛尊者，常用藥筆點山石爲金寶，濟施千人。

唐法師楚金刺血寫《法華經》，筆端常有舍利。

古者，吏道必事刀筆。今亦有藏刀於管者，蓋遺製也。

段成式以葫蘆爲筆以贈温飛卿。書在《詞林》門。

柳公權不能用羲之筆。見《筆勢》中。

今之職官斷大辟罪者，署按訖，必尋毀其筆，益彰其惻隱也。醫工常取之燒灰，治驚風及童子邪氣。

謝丞《後漢書》云：劉祐爲郡主簿，郡將之子出錢付之，令買果實，祐悉買筆墨書具以與之。

魏管輅往見安平太守王基，基令作卦。輅曰：『床上當有大蛇銜筆，小大共視，須臾失之。』果然。

諸葛恪父瑾，長面似驢。孫權大會群臣，使人牽一驢，長檢其面，題曰『諸葛子瑜』。恪跪乞筆益兩字，因聽與之。恪續其下曰『之驢』，舉坐大笑，乃以驢賜之。

趙伯符爲丹陽郡，嚴酷。典筆吏取筆失旨，頓與五十鞭。

羅什撰譯，伯肇執筆，定諸詞義，學者宗之。

《魏略》：張既爲郡小史而家富，自念無自達，乃畜好刀筆版奏，伺諸大吏無者，輒奉之。

吴孫權常夢北面頓首於文帝，顧而見日，俄而日變爲三日。忽見一人從前以筆點額，流血於前，懼而走之，狀似飛者，復墜於地。覺以問術士熊循，循曰：『吉祥矣，大王必爲吴主。

王者，人之首；額者，人之上。王加點，主字也；在前而來，王者之群臣也。雖主意未至，而群下自逼矣。血流在前，教令明白，當從王出也。』權乃詢之大臣，遂絶於魏。

太熙中，童謡曰：『二月盡，三月初，桑生蓓蕾柳葉舒，荆筆揚板行詔書。』後王瑋殺汝南王亮，帝以白虎幡宣詔，收瑋誅之。瑋手握青紙，謂監刑者曰：『此詔書也。』蓋此應也。

《宋雲行記》云：北魏神龜中至烏萇國，又西，至本釋迦往自作國，名磨休王。有天帝化爲婆羅門形，語王曰：『我甚知聖法，須打骨作筆，剥皮爲紙，取髓爲墨。』王即依其言遣善書者抄之，遂成大乘經典，今打骨處化爲琉璃。

桐燭筆分酒。見《造筆》門。

《夢書》云：夢筆硯，爲縣官文書所速也。

又云：夢得筆硯，憂縣官。又云：磨硯染筆，詞訟陳也。

古詩云：有客從南來，遺我一把筆。

《國語》云：智襄子爲室美，士茁懼曰：『臣秉筆事君。記曰：「高山峻原，不生草木。松柏之地，其土不肥。」今土木勝，臣懼不安人也。』室成三年而智氏亡。

《莊子》曰：宋元君將畫圖，衆史皆至，受揖而立，舐筆和墨，在外者半。

《東觀漢記》：永平年，神爵集宫殿官府。上假賈逵筆札，令作《神爵頌》。除蘭臺令史，遷郎中。

《晉書》：赫連勃勃謂隱士京兆韋祖思曰：『我今未死，汝猶不以我爲帝王。吾死之後，汝等弄筆，尚置吾何地！』遂殺之。

《賀循傳》：陳敏之亂，詐稱詔書，以循爲丹陽内史。循辭以脚疾，手不制筆。又服寒食散，露髪袒身，示不可用。敏竟不敢逼。

《劉穆之傳》：宋高祖素拙於書。穆之曰：『此雖小事，然宣被遠，願公小復留意。』高祖終不能，以稟分有自。穆之乃曰：『公但縱筆爲大字，徑尺亦無嫌大。既足有所苞，且其名亦美。』高祖從之，一紙不過六七字便滿。

宋世祖歡飲，令群臣賦詩。沈慶之手不知書，眼不識字，上逼令作詩。慶之曰：『臣不知書，請口授。』上令顔師伯執筆。慶之曰：『微生值多幸，得逢金運昌。朽老筋力盡，徒步過南岡。辭榮此聖世，何愧張子房。』上甚悦，衆美其辭意。

齊虞玩之少嫻刀筆，泛涉文史。

後魏世宗常敕廷尉游肇有所降恕，肇不從，曰：『陛下自能恕之，豈能令臣曲筆？』

嵇含《筆銘》曰：採管龍種，拔毫秋兔。

陸雲《與兄機書》曰：案視曹公器物，筆枚所希。聞黄初二年，劉婕妤折之。見此復使人悵然，又有感處。筆亦如吴筆，又有琉璃筆一枚。

王允將誅蔡邕，馬日磾曰：『伯喈曠世逸才，多識漢事，當續《後漢》，爲世大典。』允曰：『武帝不殺司馬遷，使作謗書流於後世。今不可使佞臣執筆在幼主左右，無益聖德，吾黨復蒙訕謗。』

後漢來歙伐公孫述，爲刺客傷腰。召蓋延以屬軍事，自書遺表訖，投筆抽刃而絶。

後漢周磬，字堅伯。年七十三，朝會集論終日，因令二子曰：『吾日者夢見先師東里先生，與我講於陰堂之奥，吾齒之盡乎！若命終，編二尺四寸簡，寫《堯典》一篇，並刀筆各一，以置棺前。』

《搜神記》：益州有神祠，自稱黄石公。祈者持一雙筆及紙墨，則於石室中言吉凶。

石晉朝丞相趙瑩布衣時，常以窮通之分禱於華嶽廟。是夜夢神遺以一筆二劍，始猶未寤。既而一踐廊廟，再擁節旄。

近朝丞相馬裔孫幼干禄，禱於上邏神，夢與二筆，一大一小。後爲翰林學士及知貢舉，自謂應之。大拜之日，堂吏進二筆，大小與夢相符。

石晉之相和凝少爲明經，夢人與五色筆一束。自是文彩日新，擢進士第，三公九卿，無所不歷。

文房四譜卷二

筆譜下

五之辭賦

蔡邕《筆賦》

序曰：昔蒼頡創業，翰墨作用，書契興焉。夫制作上聖，則憲者莫先乎筆。詳原其所由，究察其成功，鑠乎焕乎，弗可尚矣！

賦曰：惟其翰之所生，生於季冬之狡兔。性精亟而慓悍，體遄迅而騁步。削文竹以爲管，加漆絲之纏束。形調搏以直端，染玄墨以定色。畫乾坤之陰陽，贊宓羲之洪勳。盡五帝之休德，揚蕩蕩之典文。紀三王之功伐兮，表八百之肆覲。傳六經而綴百氏兮，建皇極而序彜倫。綜人事於晻昧兮，贊幽冥於明神。象類多喻，靡施不協：上剛下柔，乾坤位也；新故代謝，四時次也；圓和正直，規矩極也；玄首黄管，天地色也。云云。

晉傅玄《筆賦》

簡修毫之奇兔，選珍皮之上翰。濯之以清水，芬之以幽蘭。嘉竹挺翠，彤管含丹。於是班匠竭巧，良工逞術。纏以素枲，納以玄漆。豐約得中，不文不質。爾乃染芳松之淳烟兮，寫文象於紈素。動應手以從心兮，涣光流而星布。柔不絲屈，剛不玉折。鋒鍔淋漓，芒跱針列。

傅玄《筆銘》曰

韡韡彤管，冉冉輕翰。正色玄墨，銘心寫言。光贊天人，深厲未然。君子世之，無攻異端。

傅玄《鷹兔賦》云

兔謂鷹曰：毋害於物，有益於世。華髦被體，彤管以制。蒼頡創業，以興書契。仲尼賴兹，定此文藝。擬則天地，圖畫萬方，經理群品，宣綜陰陽。内敷七政，班序明堂。道運玄昧，非筆不光。三皇德化，非筆不章。

梁簡文《詠筆格》詩曰

英華表玉笈，佳麗稱珠網。無如兹制奇，雕飾雜衆象。仰出寫含花，横插學仙掌。幸因提拾用，遂厠璇臺賞。

梁徐摛《詠筆》詩

本自靈山出，名因瑞草傳。纖端奉積潤，弱質散芳烟。直寫飛蓬牒，横承落絮篇。一逢掌握重，寧憶仲升捐。

晉郭璞《筆贊》

上古結繩，易以書契。經緯天地，錯綜群藝。日用不知，功蓋萬世。

後漢李尤《筆銘》

筆之强志，庶事分别，七術雖衆，猶可解説。口無擇言，駟不及舌。筆之過誤，愆尤不滅。

庾肩吾《謝賚銅硯筆格啓》

烟磨青石，已踐孔鯉之壇；管插銅龍，還笑王生之壁。西域胡人，卧織成之絳簟；遊仙童子，隱芙蓉之行陣。莫不盡出梁園，來頒狹室。

稭含《試筆賦序》

騁韓盧，逐狡兔，日未移晷，一縱雙獲。季秋之月，毫鋒甚偉，遂刊懸崖之竹而爲筆，因而爲賦。

賈耽《虞書歌》

衆書之中虞書巧，體法自然歸大道。不同懷素只攻顛，豈類張芝惟扎草。形勢素，肌骨老，父子君臣相揖抱。孤青似竹更飕飗，闊白如波長浩渺。能方正，不隳倒，功夫未至難尋奥。須知孔子廟堂碑，便是青緗中至寶。

成公綏字子安《弃故筆賦》

序曰：治世之功，莫尚於筆。筆者，畢也，能畢具萬物之形，序自然之情也。力未盡而弃之糞掃，有似古賢之不遇。於是收取，洗而弃之，用其力而殘其身焉。

有蒼頡之奇生，列四目而兼明；慕羲氏之畫卦，載萬物於五行。乃發慮於書契，採秋毫之穎芒，加膠漆之綢繆，結三束而五重。建犀角之玄管，屬象齒於纖鋒，答也。染青松之微烟，著不泯之永踪。則象神仙，人皇九頭；式範群生，異體怪軀。注王度於七經，訓河洛之纖緯；書日月之所躔，別列宿之舍次。乃皆是筆之勳，人日用而不寤，迄盡力於萬鈞，卒見弃於衢路。

唐張碧《答張郎中分寄翰林貢餘筆歌》

圓金五寸輕錯刀，天人摘落霜兔毛。我之宗兄掌文檄，翰林分與神仙毫。東風吹柳作金綫，狂湧辭波力生健。此時捧得江文通，五色光從掌中見。江龍角嫩無精彩，晝日揮空射烟靄。誰能邀得懷素來，晴明書破琉璃海。揚雄得之《甘泉賦》，胸中白鳳無因飛。他年擬把補造化，穿江入海剜天涯。昨宵夢見歐率更，先來醉我黃金觥。手擎瑟瑟三十斗，博歸天上書《黃庭》。夢中擺手不相許，悵望空乘碧雲去。

梁吴均《筆格賦》

幽山之桂樹，恒縈風而抱露，葉委鬱而陸離，根縱横而盤互。爾其負霜含液，枝翠心赤，翦其片條，爲此筆格。趺則岊岊高爽，似華山之孤生；管則員員峻逸，若九疑之争出。長對坐以銜烟，永臨窗而儲筆。

梁元帝《謝宣賜白牙鏤管啓》

春坊漆管，曲降深恩；北宫象牙，猥蒙霑逮。雕鎸精巧，鏤東山之人物；圖寫奇麗，笑蜀郡之儒生。故知嵇賦非工，王銘未善。昔伯喈致贈，纔屬友人；葛龔所酬，止聞通識。豈若逮降鴻慈，曲覃庸陋；方覺琉璃無當，隨珠過侈。但有羨卜商，無因則削；徒懷曹植，恒願執鞭。

白樂天《雞距筆賦》

足之健者有雞足，毛之勁者有兔毛。就足之中，奮發者利距；在毛之内，秀出者長毫。合爲手筆，正得其要。象彼足距，曲盡其妙。圓而直，始造意於蒙恬；利而銛，終逞能於逸少。斯則創因智士，製在良工。拔毫爲鋒，截竹爲筒。視其端，若武安君之頭小；窺其管，如元玄氏之心空。豈不以中山之明，視勁而俊；汝陰之翰，音勇而雄。一毛不成，採衆毫於三穴之内；四者可弃，取鋭武於五德之中。雙美是合，兩揆相同。故不得兔毛，無以成起草之用；不名雞距，無以表入墨之功。及夫親手澤，隨指顧，秉以律，動以度。染松烟之墨，灑鵝毛之素，莫不畫成屈鐵，點成垂露。若用之戰陣，則摧敵而先鳴；若用之草聖，則擅場而獨步。察所以，稽其故，雖云任物以用長，亦在假名而善喻。向使但隨物弃，不與人遇，則距蓄縮於晨雞，毫摧殘於塞兔。安得取名於彼，移用在兹？映赤管，狀紺趾乍舉；對紅箋，疑錦臆初披。輟翰停毫，既象於翹足就棲之夕；揮芒拂鋭，又似乎奮拳引鬪之時。苟名實之副者，信動静而似之。其用不困，其美無儔。因草爲號者質陋，折蒲而書者體柔。彼皆瑣細，此實殊尤。是以搦之而變成金距，書之而化出銀鈎。夫然則董狐操，可以勒爲良史；宣尼握，可以削定《春秋》。夫其不象雞之羽者，鄙其輕薄；不取雞之冠者，惡其柔弱。斯距也，如劍如戟，可繫可縛。將壯我之毫芒，必假爾之鋒鍔。遂使見之者書狂發，秉之者筆力作。挫萬物而人文成，草八行而鳥迹落。縹囊或處，類藏錐之沈潛；團扇忽書，同舞鏡之揮翟。儒有學書臨水，負笈登山，含毫既至，握管未還。過兔園而易感，望雞樹以難攀。願争雄於爪距之下，冀得隽於筆硯之間。

竇紃《五色筆賦》徵諸佳夢，藻思日新。

物有馨奇，文抽藻思。含五采而可寶，煥六書而增媚。豈不以潤色形容，昭宣夢寐。漬毫端之一勺，潛合水章；施墨妙於八行，宛成錦字。言念伊人，光輝發身；拳然手受，灼若迷真。載帛驚纈文漸出，臨池訝蓮彩長新。效用辭林，驚宿鳥之丹羽；呈功學海，閒游魚之彩鱗。所以成盡飾之規，得和光之道。輕肆力於垂露，暗流精於起草。俾題橋之處，轉稱舒虹；當進牘之時，尤宜奮藻。掌握攸重，文章可驚。揉松烟而霞駁，操竹簡而淚凝。倘使書紳，黼黻之容斯美；如令畫像，丹青之妙足徵。卓爾無雙，斑然不一。摛握彩以冥契，刷孤峰而秀出。紛色絲兮宜映練囊，暈科斗兮似開緗帙。動人文之際，懷豹變於良霄；呈烏迹之前，想烏凝於瑞日。當其色授之初，念忘形而獲諸；魂交之次，驚目亂之相於。相發揮於拳石，幾遷染於尺書。秉翰苑之間，媚花陰而蔚矣；耕情田之上，臨玉德以温如。是知潛應丹誠，暗彰吉夢，嘉不亂之如削，意相宣而載弄。混青蠅之點，取類華蟲；迷皓鶴之書，思齊彩鳳。故可以彰施薤葉，點綴桃花。舒彩箋而增麗，耀彤管而孔嘉。彼雕翠羽而示功，鏤文犀而窮奢，曾不如披翰藻而發光華。

僧貫休《詠筆》詩

莫訝書紳苦，功成在一毫。自從蒙管束，便覺用心勞。手點身難弃，身閒架亦高。何妨成五色，永願助風騷。

白樂天《紫毫筆》樂府詞

紫毫筆，尖如錐兮利如刀。江南石上有老兔，喫竹飲泉生紫毫。宣城工人採爲筆，千萬毛中揀一毫。毫雖輕，工甚重，管勒工名稱歲貢，君兮臣兮勿輕用。勿輕用，將何如？願賜東西府御史，願頒左右臺起居。搦管趨入黄金殿，抽毫立在白玉除。臣有奸邪正衙奏，君有動言直筆書。起居郎，侍御史，爾知紫毫不易置。每歲宣城進筆時，紫毫之價如金貴。慎勿空將彈失儀，慎勿空將録制詞。

韋充《筆賦》

筆之健者，用有所長，惟兹載事，或表含章。雖發迹於衆毫，誠難穎脱；苟容身於一管，豈是鋒鋩。進必願言，退惟處默，隨所動以授彩，寓孤貞而保直。修辭立句，曾無點畫之虧；遊藝依仁，空負詩書之力。恐無成而見擲，常自悚以研精。擇才而丹青不間，應用而工拙偕行。所以盡心於學者，常巧於人情。惟首出筒中，長憂挫鋭；及文成紙上，或冀知名。以其提挈不難，發揮有自，縱八體之俱寫，亦一毛而不墜。何當入夢，終期暗以相親；倘欲臨池，詎敢辭於歷試。今也文章具舉，翰墨皆陳，秋毫以削，寶匣以新。但使元禮之門，不將點額；則知子張之手，永用書紳。夫如是則止有所托，知有所因，然後録名之際，希數字於伊人。

衛公李德裕《斑竹管賦》有序

予寓居於郊外精舍，有湘中太守贈以斑竹管，奇彩燦爛。愛玩不足，因爲小賦以報之。

山合沓兮瀟湘曲，水潺湲兮出幽谷。緣層嶺兮茂奇篠，夾澄瀾兮聳修竹。鷓鴣起兮鈎輈，白猿悲兮斷續。實璀璨兮來鳳，根聯延兮倚鹿。往者二妃不從，獨處茲岑。望蒼梧兮日遠，撫瑶瑟兮怨深。洒思泪兮珠已盡，染翠莖兮苔更侵。何精誠之感物，遂散漫於幽林。爰有良牧，採之岩趾。表貞節於苦寒，見虚心於君子。始操截以成管，因天姿之具美；疑貝錦之濯波，似餘霞之散綺。自我放逐，塊然岩中，泰初憂而絶筆，殷浩默以書空。忽有客兮贈鯉，因起予以雕蟲。念楚人之所賦，實周詩之變風。昔漢代之方侈，增其炳焕，綴明璣以爲柙，飾文犀而爲玩。見傅玄。徒有貴於繁華，竟何資乎藻翰。曾不知擇美乎江潭，訪奇於湘岸。况乃彤管有煒，列於詩人，周得之而操牘，張得之而書紳。惟兹物之日用，與造化之齊均。方寳此以終老，永躬耕乎典墳。

韓愈《毛穎傳》

毛穎者，中山人也。其先明眎，佐禹治東方土，養萬物有功，因封於卯地，死爲十二神。嘗曰：『吾子孫神明之後，不可與物同，當吐而生。』已而果然。明眎八世孫䨲，世傳當殷時居中山，得神仙之術，能匿光使物，竊姮娥，騎蟾蜍入月，其後代遂隱不仕云。居東郭者號曰㕙，狡而善走，與韓盧争能。盧不及，盧怒，與宋猊謀而殺之，醢其家。

秦始皇時，使蒙將軍恬南伐楚，次中山，將大獵以懼楚。召左右庶長與軍尉，以《連山》筮之，得天與人文之兆。筮者賀曰：『今日之獲，不角不牙。衣褐之徒，缺口而長鬚，八竅而趺居。獨取其髦，簡牘是資。天下其同書，秦其遂兼諸侯乎！』遂獵，圍毛氏之族，拔其毫，載穎而歸，獻俘於章臺宮，聚其族而加束縛焉。秦皇帝使恬賜之湯沐，而封之管城，號曰管城子，日見親寵任事。穎爲人强記而便敏，自結繩之代以及秦事，無不纂録。陰陽、卜筮、占相、醫方、族氏、山經、地志、字書、圖畫、九流百家、天人之書，及至浮圖、老子、外國之説，皆所詳悉。又通於當代之務，官府簿書、市井貨錢注記，惟上所使。自秦始皇帝及太子扶蘇、胡亥、丞相李斯、中車府令高，下及國人，無不愛重。又善隨人意，正直、邪曲、巧拙，一隨其人。雖見廢弃，終默而不泄。惟不喜武士，然見請，亦時往。累拜中書令，與上益狎，上嘗呼爲『中書君』。上親決事，以衡石自程，雖宫人不得立左右，獨穎與執燭者常侍，上休方罷。穎與絳人陳玄、弘農陶泓，及會稽褚先生友善，相推致，其出處必偕。上召穎，三人者不待詔，輒俱往，上未嘗怪焉。

後因進見，上將有任使，拂拭之，因免冠謝。上見其髮禿，又所摹畫不能稱上意，上嘻笑曰：『中書君老而禿，不任吾用。吾嘗謂君中書，君今不中書耶？』對曰：『臣所謂盡心者。』因不復召，歸封邑，終於管城。其子孫甚多，散處中國夷狄，皆冒管城，惟居中山者，能繼父祖業。

太史公曰：毛氏有兩族：一姬姓，文王之子，封於毛，所謂魯、衛、毛、聃者，戰國時有毛公、毛遂。獨中山之族，不知其本所出，子孫最爲蕃昌。《春秋》之成，見絶於孔子而非其罪。及蒙將軍拔中山之豪，始皇封諸管城，世遂有名，而姬姓之毛無聞。穎始以俘見，卒見任使。秦之滅諸侯，穎與有功，賞不酬勞，以老見疏，秦真少恩哉。

魏傅公選《筆銘》

昔在上古，結繩而治。降及後代，易以書契。書契之興，興自頡皇。肇建一體，浸遂繁昌。彌綸群事，通遠達幽。垂訓紀典，匪筆靡修。實爲心畫，臧否斯由。厥美宏大，置類鮮儔。德馨之著，惟道是將。苟逞其違，禍亦無方。

周朴《謝友人贈箋紙並筆》見《紙譜》。

段成式《寄温飛卿葫蘆管筆往復》二首

桐鄉往還，見遺葫蘆筆管，輒分一枚寄上。下走困於守拙，不能大用。濩落之實，有同於惠施；堅厚之種，本慚於屈轂。然雨思茶器，愁想酒杯，嫌苦菜而不吟，持長柄而爲贈。未嘗安筆，却省藏書，八月斷來，固是佳者。方知绿沈、赤管，過於淺俗，求太白麥穗，獲臨賀石班，蓋可爲副也。飛卿窮素緗之業，擅雄伯之名，沿泝九流，訂銓百氏。筆洒瀝而轉潤，紙襞績而不供，或助操彈，且非玩好。便望審安承墨，細度覆毫，勿令仲宣等閒敢詠也。成式狀。

温庭筠答

庭筠累日來洛水寒疝，荊州夜嗽，筋骸莫攝，邪蟲相攻。蝸脘傷明，對蘭缸而不寢；牛腸治嗽，嗟藥録而難求。前者伏蒙賜葫蘆筆管一莖，久欲含詞，聊申拜貺。而上池未效，下筆無聊，慚況沈吟，出懷未叙。然則産於何地，得自誰人，而能絜以裁筠，輕同舉羽？豈伊籌草，空操九寸之長；何必靈芝，獨號三株之秀。但曾藏戢册省，永貯仙居，供笑遺民，遽求佳種，惟應仲履，忽壓煩聲。豈常見已墮遺犀，仍抽直幹，青松所染，漆竹非珍，足使玳瑁慚華，琉璃掩耀。一枚爲貴，豈其陸生；三寸見稱，遂兼楊子。謹當刊於岩竹，置以郊翰，隨纖利而爲床，擬高低而作屋。所恨書裙寡媚，釘帳無功，實醜凡姿，空塵異貺。庭筠狀。

陸龜蒙《石筆架子賦》

杯可延年，簾能照夜，直爲絶代之物，以速連城之價。爾材雖足重，質實無妍，徒親翰墨，漫費雕鐫，到處而人争閣筆，相逢而競欲投篇。若遇左太冲，猶置門庭之下；如逢陸内史，先焚章句之前。寶跗非鄰，金匣不敵，真堪諫諍之士，雅稱玄靈之客。謝守邊城雨細，題處堪憐；陶公嶺畔雲多，吟中合惜。或若君王有命，璽素争新，則以火齊、水晶之飾，龍膏、象齒之珍，窺臨奮視，襞染生春。衛夫人閑弄彩毫，思量不到；班婕好笑提丹筆，眄睞無因。若自蕺山，如當榧几，則叨居談柄之列，辱在文房之裏。誠非刻畫，幾受譴於纖兒；終假磨礱，幸見容於夫子。可以資雪唱，可以助風騷，莫比巾箱之貴，堪齊鐵研之高。吟洞庭之波，秋聲敢散；賦瑶池之月，皓色可逃。若有白馬潛心，雕龍在口，鈎羅不下於三篋，裁剪無慚於八斗。零陵例化，肯後於雙飛；玄晏書成，願齊於不朽。

陸龜蒙《哀茹筆工辭》

夫余之肱兮何綿綿，耕不能耒兮水不能船。裁筠束毫，既勝且便。晝夜今古，惟毫是鎸。爰有茹工，工之良者。擇其精粗，在價高下。闕齾叉互，尚不能捨。旬濡數鋒，月禿一把。編如蠶絲，汝實助也。我書之奇，渾源未衰。惟汝是賴，如何已而。有兔千萬，拔毛止皮。散澀鈍鈼，緡觚靡辭。圓而不流，銛而不欹。在握方深，亦茹之爲。斫輪運斤，傳之者誰？毫健身殞，吾寧不悲。噫！

段成式《寄余知古秀才散卓筆十管軟健筆十管書》

竊以《孝經援神契》，夫子贊之，以拜北極；《尚書中候》，周公授之，以出玄圖。其後仲將稍精，右軍益妙，張芝遺法，間氏新規。其毫則景成愈於中山，麝柔劣於羊徑。或得懸蒸之要，或傳痛頡之方。起自蒙恬，蓋取其妙。不唯玄首黃琯之製，含丹纏素之華，沾建被於一床，雕鏤上於二管而已。跗則太白麥穗，臨賀石班，格爲仙掌之形，架作蓮花之狀。限書一萬字，應貴鹿毛；價抵四十枚，詎兼人髮。前件筆出自新淦，散卓尤精；能用青毫之長，似學鐵頭之短。况虎僕久絶，桐燭難成；鷹固無慚，兔或增懼。足使王朗遽閣，君苗欲焚；户牖門墻，足備其闕也。

余知古《謝段公五色筆狀》

伏蒙郎中殊恩，賜及前件筆。竊以趙國名毫，遼東仙管，曾進言於石室，奏議於圓丘。經阮籍而飛動稱神，得王珣而形製方大。妙合景純之贊，奇標逸少之經。利器莫先，豈宜虚授？某藝乏鴻彩，膺此緑沈，降自成麟，翻將畫虎，空懷得手之愧，如無落度之憂，春蚓未成，豐狐濫對，喜並出圖而授，驚逾入夢之徵。將欲遺於子孫，清白莫比；更願藏之篋笥，瑞應那同。捧戴明恩，伏增感激。謹狀。

殷元《筆銘》云

宣神者言，載言者書。受以毫管，妙旨以敷。彌綸一像，包括有無。

孔璠之《筆贊》曰

亹亹柔翰，敷微通神。時淪古冥，玄趨常新。

文嵩《四侯傳·管城侯傳》各附諸譜之末。

毛元鋭，字文鋒，宣城人也。其先黄帝時，大昴流於東野而生。昴宿一名旄頭，遂姓毛氏，世居兔園。少昊時因少暴農之稼，爲鶊鳩氏所擒誅之，以爲乾豆。其族有竄於江南者，居於宣城溧陽山中，宗族豪盛。元鋭之世二代祖聿，因秦始皇時遣大將軍蒙恬南征吴楚，疑其有三窟之計，恃狡而不從，使前鋒圍而盡執其族，擇其首領酋健者縻縛以獻於麾下。大將軍問聿之能，曰：『善編録簡策，自有文字已來，注記略無遺漏。』大將軍奇之，用命爲掾，掌管記。及凱旋，聞於上，爲築城而居，其族遂以文翰著名。其子士載，漢時佐太史公修史，有勁直之稱。天子因覽前代史，嘉其述美惡不隱，文簡而事備，拜左右史，以積勞累功封管城侯。子孫世修厥職，能業其官，累代襲爵不絶，皆與名賢碩德如張伯英、衛伯玉、索幼安、鍾元常、韋仲將、王逸少、王子敬並爲執友。歷宋齊已來，朝廷益以爲重。鋭之曾大父如椽，與王珣爲神契之交。大父弗聿，與江文通、紀少瑜有彩毫鏤管之惠。皆文章之會友也。銳爲人穎悟俊利，其方也如鑿，其圓也如規，其得用也稱旨。則默默而作，隨心應手，有如風雨之聲者，有如鸞鶴回翔之勢、龍蛇奔走之狀者。能屬文多記，不倦濡染，光祖德也。起家校書郎直館，遷中書令，襲爵管城侯。聖朝庶政修明，得與南越石虛中、燕人易玄光同被詔，常侍御案之右。與華陰楮知白爲相須之友。天子以六合晏然，志在墳典，因詔元銳專掌修撰。銳久蒙委用，心力以殫，至於疲憊，書札粗疏，懼不稱旨，遂懇上疏告老。上覽之，嘉歎曰：『所謂達士知止足矣。』優詔可之，曰：『壯則驅馳，老宜休息，載諸方册，有德可觀。卿仰止前哲，宜加厚禮，可工部尚書致仕就國，光優賢之道也，仍以其子嗣職焉。』

史臣曰：管城毛氏之毛，蓋昴宿之精，取髦頭之名以爲氏，與姬姓毛伯鄭之後毛氏，不同族也。其子孫則盛於毛伯之後，其器用則遍及日月所燭之地，自天子至於士庶，無不重之者也。朝廷及天下公府曹署隨其大小，皆處右職，功德顯著，宗族蕃昌云。

文房四譜卷三

硯譜 水滴器附

一之敘事

昔黄帝得玉一紐，治爲墨海焉，其上篆文曰『帝鴻氏之硯』。又《太公金匱·硯之書》曰：『石墨相著而黑，邪心讒言，無得汙白。』是知硯其來尚矣。

《釋名》云：硯者，研也。可研墨，使和濡也。

伍緝之《從征記》云：魯國孔子廟中有石硯一枚，製甚古樸，蓋夫子平生時物也。及顏、路所請之車亦存。

《王子年拾遺》云：張華造《博物志》成，晉武帝賜青鐵硯。此鐵於闐國所貢，鑄爲硯也。

又吴都有硯石山。

魏武《上雜物疏》云：御物有純銀參帶臺硯一枚、純銀參帶圓硯大小各四枚。

《開元文字》云：硯者，墨之器也。

《東宫故事》云：晉皇太子初拜，有漆硯一枚，牙子百副。

又，皇太子納妃有漆書硯一。

劉澄之《永初山川古今記》云：興平縣蔡子池石穴深二百許丈，石青色，堪爲硯。

《説文》云：石滑謂之硯，字從石、見。

魏甄后少喜書，常用諸兄筆硯，其兄戲之曰：『汝欲作女博士耶？』后曰：『古之賢女，未有不覽前史以觀成敗。』

或云：端州石硯匠識山石之脈理，鑿之，五七里得一窟，自然有圓石，青紫色，琢之爲硯，可值千金，故謂之子石硯窟。雖在五十里外，亦識之。

《西京雜記》云：天子玉几，冬加綈錦其上，謂之綈几。以象牙火籠籠其上，皆散華文，後宮則五色綾紋。以酒爲書滴，取其不冰。以玉爲硯，亦取其不冰。

昔有人盜發晉靈公冢。冢甚魁壯，四角皆以石爲攫犬捧燭。石人四十餘人，皆立侍。屍猶不壞，九竅之中，皆有金玉。獲蟾蜍一枚，大如拳，腹容五合水，潤如白玉，爲盛書滴器。同見《雜記》中。

張彭祖少與漢宣帝微時同硯席。帝即位，以舊恩封陽都侯，出常參乘。曹爽與魏明帝亦然。劉弘與晉武帝亦同見《雜記》中。

崔寔《四民月令》云：正月硯凍開，命童幼入小學。十一月硯水冰，命童幼讀《孝經》《論語》。

《墨藪》云：凡書硯，取煎涸新石，潤濕相兼，又浮津輝墨者。

《隋書》：宇文慶少年時，曰：『書足以記姓字，安能久事筆硯？』有項羽、班超之志。

柳公權嘗寶惜筆硯並圖書，自扃鐍之。常云：『青州石末爲第一矣，今磨訖，墨易冷。絳州之硯次之。』

劉聰謂晉懷帝曰：『頃昔贈朕柘弓銀硯，卿頗憶否？』帝曰：『焉敢忘之，但恨不能早識龍顏。』

蕭子顯《齊書》云：王慈年八歲，外祖宋太祖、江夏王義恭施寶物，恣其所取。慈但取素琴、石硯而已，義恭善之。

晉范喬，字伯孫。年二歲時，其祖馨撫喬首曰：『所恨不得見汝成人。』以所用硯與之。至五歲，祖母告喬，喬執硯而泣之。

《通典》云：虢州歲貢硯十枚。

又，《永嘉郡記》云：硯溪一源多石硯。

李陽冰云：夫硯，其用則貯水，畢則乾之。居久浸不乾，墨乃不發。墨既不發，書乃多漬。水在清净，宜取新水，密護塵埃，忌用煎煮之水也。

袁象贈庾廙蜯硯。見《筆譜》中。

梁武帝性純儉。吴令唐進鑄成盤龍火爐、翔鳳硯蓋，詔禁錮終身。

二之造

柳公權常論硯，言青州石末爲第一，絳州者次之。殊不言端溪石硯。世傳端州有溪，因曰端溪。其石爲硯至妙，益墨而至潔。其溪水出一草，芊芊可愛。匠琢訖，乃用其草裹之，故自嶺表迄中夏而無損也。噫！豈非天使之然耶？或云水中石其色青，山半石其色紫，山絶頂者尤潤，如豬肝色者佳。其貯水處，有白赤黄色點者，世謂之鸜鵒眼；或脈理黄者，謂之金綫紋，尤價倍於常者也。其山號曰斧柯山，即觀棋之所也。昔人採石爲硯，必中牢祭之。不爾，則雷電勃興，失石所在。其次有將軍山，其硯已不及溪中及斧柯者。

今歙州之山有石，俗謂之龍尾石。匠鑄之硯，其色黑，亞於端。若得其石心，見巧匠就而琢之，貯水之處圓轉如渦旋，可愛矣。

魏銅雀臺遺址，人多發其古瓦，琢之爲硯，甚工，而貯水數日不滲。世傳云：昔人製此臺，其瓦俾陶人澄泥，以絺綌濾過，碎胡桃油方埏埴之，故與衆瓦有異焉。即今之大名、相州等處，土人有假作古瓦之狀硯，以市於人者甚衆。

繁欽《硯贊》云：『或薄或厚，乃圓乃方。方如地體，圓似天常。班溫采散，色染毫芒，點黛文字，耀明典章。施而不德，吐惠無疆，浸漬甘液，吸受流芳。』蓋今製之令薄者，常觀見之，令一夫捧持，匠方琢之。或內於稻穀中，出其半而理之，其鑿如粗針許。製畢，有如表紙厚薄者。或有全良石之材，工其內而質其外者。或規如馬蹄，銳如蓮葉，上圓下方，如圭如璧者。

圓如盤，而中隆起，水環之者，謂之辟雍硯，亦謂之分題硯。腰半微坳，謂之郎官樣者。連水滴器於其首而爲之者，穴其防以導水焉。閉其上穴，則下穴取水，流注於硯中。或居常，則略無沾覆。繁之銘見之矣。

又繁欽《硯頌》曰：『鈞三趾於夏鼎，象辰宿之相扶。』今絶不見三足硯。僕嘗遊盱眙泉水寺，過一山房，見一老僧擁衲向暘，模寫梵字。前有一硯，三足如鼎，製作甚古。僕前舉而訝之，僧白眼默然不答，僕因不復問其由。是知繁頌足可徵矣。

傅玄《硯賦》云：『木貴其能軟，石美其潤堅。』因知古亦有木硯。

作澄泥硯法：以墐泥令入於水中，挼之，貯於甕器內。然後別以一甕貯清水，以夾布囊盛其泥而擺之，俟其至細，去清水，令其乾，入黄丹團，和溲如麪。作一模如造茶者，以物擊之，令至堅。以竹刀刻作硯之狀，大小隨意，微蔭乾。然後以刺刀子刻削如法，曝過，間空垛於地，厚以稻糠並黄牛糞攪之，而燒一伏時。然後入墨蠟貯米醋，而蒸之五七度。含津益墨，亦足亞於石者。

唐李匡乂撰《資暇集》云：稠桑硯，始因元和初其叔祖宰號之朱陽邑。諸阮温凊之隙，必訪山水以遊。一日，於澗側見一紫石，憩息於上，佳其色，且欲紀其憩山之遊。既常携鐫具隨至，自勒姓氏年月，遂刻成文，復無刓缺。乃曰：『不利不缺，可琢爲硯矣。』既就琢一硯而過，但惜其重大，無由出之。更行百步許，至有小如拳者，不可勝紀。遂令從者挈數拳而出，就縣第製琢。有胥性巧，請琢之，遂請解胥籍。於是采琢開席於大路，厥利驟肥。後諸阮每經稠桑，必相率致硯，以報其本焉。稠桑石硯自此始也。

三之雜説

古人有學書於人者，數年，自以其藝成，遂告辭而去。師曰：『吾有一篋物，可附於某處。』及山之下，絶無所付，又封題亦甚不密。乃啓之，皆磨穴者硯數十枚，此人方知其師夙之所用者也。乃返山，服膺至皓首，方畢其藝。是知古人工一事，必臻其極焉。

西域無紙筆，但有墨。彼人以墨磨之甚濃，以瓦合或竹節，即其硯也。彼國人以指夾貝葉，或藤皮，掌藏墨硯，以竹筆書梵字，横讀成文，蓋順葉之長短也。常見梵僧沸脣緩頰歷眸之間，數行俱下，即不知其義也。

藍田王順山悟真寺，有高僧寫《涅槃經》，群鴿自空中銜水添硯，水竭畢至。曾聞彼山僧傳云，亦見於白傅百餘韻詩。

常有蟻爲精爲王者，遊獵於儒士之室。儒士見之，甚微且顯。乃於几案之上硯中施罾網，獲魴鯉甚多。

鄭朗以狀元及第覆落，甚不得志。其几案之硯忽作數十聲，鄭愈不樂。時洪法師在座，曰：『硯中作聲，有聲價之象。』朗後果出入台輔，斯吉兆也明矣。今直閣范舍人杲，言頃自大暑直館於史閣中，與諸學士清話間，范公几案之上所用硯，或作一十五聲，丁丁然，甚駭之。范獨内喜。迨半月，有朱衣銀魚之賜。亦異事也。

魏孝靜帝有芝生銅硯。

今睹歲貢方物中，虢州鍾馗石硯二十枚，未知鍾馗得號之來由也。

越州戒珠寺即羲之宅，有洗硯池，至今水常黑色。今金州廉使錢公言。

僖宗朝，鄭畋、盧携同爲相，不協，議黄巢事，怒争於中書堂。盧拂衣而起，袂染於硯，而投之。

《開天傳信記》云：玄宗所幸美人，忽夢人邀去縱酒密會，因言於上。上曰：『必術人所爲也。汝若復往，宜以物誌之。』其夕孰寐，飄然又往。半醉，見石硯在前，乃密印手文於曲房屏風上。悟而具啓，乃潛令人訪之於東明觀，見其屏風手文尚在，所居道人已遯矣。

梁元帝《忠臣傳》曰：劉宏，沛國人。常寄居洛陽，與晉武帝同硯席。

《筆陣圖》：以水硯爲城池。

《異苑》：蔣道友於水側見一浮柤，取爲硯，製形象魚。有道家符讖及紙，皆内魚硯中。嘗自隨二十餘年，忽失之。夢人云：『吾暫遊湘水，過湘君廟，爲二妃所留。今暫還，可於水際見尋也。』道友詰旦至水側，見罾者得一鯉魚，買剖之，得先時符讖及紙，方悟是所夢人弃之。俄而雷雨屋上，有五色氣直上入雲。有人過湘君廟，見此魚硯在二妃側。

《宣室志》云：有蔣生者，好道之士也。逢一貧窶人，自稱章全素，自役使來，怠惰頗甚。蔣生頻櫝楚之。忽一日語蔣生曰：『君几上石硯，某可點之爲金。』蔣生愈怒其誑誕。時偶蔣生忽出，追歸，章公已死矣，然失几上之硯。因窺藥鼎中有奇光，試探得硯，而一半已爲紫磨金矣。蔣因歎憤終身也。

近石晉之際，關右有李處士者，放達之流也。能晝馴狸，復能補端硯至百碎者。賫歸旬日，即復舊焉，如新琢成，略無瑕纇。世莫得其法也。

四之辭賦

傅玄《硯賦》

採陰山之潛璞，簡衆材之攸宜。即方圓以定形，鍛金鐵而爲池。設上下之剖判，配法象乎二儀。木貴其能軟，石美其潤堅。加朱漆之膠固，含沖德之清玄。

楊師道《詠硯》詩

圓池類辟水，輕翰染烟華。將軍班定遠，見弃不應賒。

李尤《硯銘》

書契既造，硯墨乃陳。篇籍永垂，記誌功勳。

魏王粲《硯銘》

爰初書契，以代結繩。人察官理，庶績誕興。在世季末，華藻流淫。文不寫行，書不盡心。淳樸澆散，日以崩沈。墨運翰染，榮辱是懲。念兹在兹，惟玄是徵。

唐李賀《青花紫硯歌》

端州石工巧如神，踏天磨刀割紫雲。傭刓抱水含滿唇，暗灑蓑弘冷血痕。紗幃晝暖墨花春，輕漚漂沫松麝薰。乾膩薄重立脚匀，數寸秋光無日昏。圓毫促點聲清新，孔硯寬頑何足云。

傅玄《水龜銘》

鑄兹靈龜，體象自然。含源味水，有似清泉。潤彼玄墨，染此柔翰。申情寫意，經緯群言。

韓愈《瘞硯文》

序曰：隴西李元賓始從進士，貢在京師。或貽之硯，四年悲歡否泰，未嘗廢用，與之試藝春官。天寶二年登上第，行於褒谷間，誤墜地毀焉，乃匣歸埋於京師里中。昌黎韓愈，其友人也，贊而識之曰：『土乎成質，陶乎成器。用復其質非生死類，全斯毀不忍弃。埋而識之仁之義，硯乎硯乎瓦礫異。』

張少博《石硯賦》山水清輝，墨妙筆精。

硯之施也被乎用，石之質也本乎山。温潤稱珍，騰異彩而玉色；追琢成器，發奇文而綺斑。蓋求伸於知己，爰得用於君子。故立言之徒，載筆之史，將吮墨以濡翰，乃操觚而汲水。始爛爛以光澈，終霏霏而烟起，或外圓而若規，或中平而如砥。原夫匠石流盼，藻瑩生輝，象鼀之負圖乍伏，如鵲之緘印將飛。

設之户庭，王充之名允著；置之藩溷，左思之用無違。徒觀夫清光景耀，真質霜净，符彩華鮮，精明隱映。皎如之色，比藏冰之玉壺；焕然之文，壯吐菱之石鏡。當其山谷之側，沈冥未識；韞玉吐雲，懷珍隱德，因入用以磨礪，由其人而拂拭。故能撫之類磬發奇音，對之若鏡開新色。既垂文以成象，亦澄瀾而漬墨。硯之用也，詎可興歎而焚；石之硜然，孰謂有時而泐。斯可以正典謨之紀，垂篆籀之則者也。遂更播美六書，傳芳三妙。用之漢帝，嘗同彭祖之席；存之魯國，猶列宣尼之廟。是以遺文可述，兹器爰匹。匪銷匪鑠，良金安可比其剛；不磷不緇，美玉未足方其質。光鳥迹於青簡，發龜文於洪筆。則知創物作程，事與利并。兹硯也，所以究墨之妙，窮筆之精者也。

黎逢《石硯賦》

有子墨客卿，從事於筆硯之間，學舊史之暇日，得美石於他山。琢而磨之，其滑如砥。欲硯精而染墨，在虚中而貯水。水隨暈而環周，墨浮光而黛起。明而未融，是以爲用；久而不渝，故以爲美。成器尚古，徵闕里之素王；匠法增華，參會稽之内史。且王言惟一，道心惟微，於以幽贊，由之發揮。從人之欲，委質莫違；代若遐弃，民將疇依。肅觀光而霧集，賴設色而烟霏。實將振文而爲邦，豈惟藴玉而山輝者哉！君無謂一拳之石取其堅，君無謂一勺之水取其凈。君其遂取，我有成性，苟有補於敷聞，固無辭於藴映。惟聖人有大寶，昊天有成命，莫不自我以載形，因我以施令，志前王之事業，作後人之龜鏡。夫物遷其常，天運不息，水有涸兮石有泐。代貴其不磷，我則受其磨；代貴其不染，我則受其黑。象山下之泉，爲天下之式。因碌碌於俗間，類棲棲於孔墨。嗚呼！辭尚體要，文當絶妙，雖濡翰其不疲，無煩文而取誚。爰貢君子，以其勁質，或升之堂，或入之室。對此大匠，厠諸鴻筆，見珍於殺青之辰，爲用於草《玄》之日。夫氣結爲石，物之至精；攻之爲硯，因用爲名。事若可久，代將作程。斯器也，不獨堅之爲貴，諒於人之有成。

吴融字子華《古瓦硯賦》

勿謂乎柔而無剛，土埏而爲瓦；勿謂乎廢而不用，瓦斫而爲硯。藏器蠖屈，逢時豹變。陶甄已往，含古色之幾年；磨瑩俄新，貯秋光之一片。厥初在冶成象，毁方效姿；論堅等甓，鬥縹勝瓷。人莫我知，是冬穴夏巢之日；形爲才役，乃上棟下宇之時。扶同杞梓，迴避茆茨。若乃臺號姑蘇，殿稱枍詣，樓標十二之聳，閣起三重之麗。莫不瓴甋凝輝，鴛鴦疊勢，縫密如鑠，行疏若綴。銜來而月影重重，漏出而爐香細細。觚稜金爵，競託岧嶢；玉女胡人，争來睥睨。陵谷難定，松薪忽焉，朝歌有已秀之麥，咸陽有不滅之烟。是則縱横舊址，散亂荒阡；風飄早落，雨滴仍穿。藏瀰迤之春蕪，耕牛脚下；照青熒之鬼火，戰骨堆邊。誰能識處，亦莫知年。何期邂逅，見寵雕鐫。資乎有作，備我沈研。磬在水以羞浮，鐘因霜而謝響。玉滴一墮，松烟四上。山雞誤舞，澄明之石鏡當頭；織女疑來，清淺之銀河在掌。異哉！昔之藏歌蓋舞，庇日干霄；繁華幾代，零落一朝。委地而合墮塵土，依人而却伍瓊瑶。天禄石渠，和鉛即召；風臺雪苑，落筆争邀。依依舊款，歷歷前朝。沈家令座上迴看，能無淚下；江中書歸來偶見，得不魂銷。有以見古今推移，牢籠眇漫；成敗皆分，短長一貫。何樹春秋各千年，何花開落惟一旦？星隕地以爲石，盡滅光輝；雞升天而上仙，别生羽翰。異類猶然，浮生莫算！

王嵩粤《孔子石硯賦》

昔夫子有石硯焉，邈觀器用，宛無雕鎸；古石猶在，今人尚傳。從歎鳳兮何世？至獲麟兮幾年？爰止爰定？幾徂幾還？

任迴旋於几席，垂翰墨於韋編；時亦遠矣，物仍在焉。非聖人之休祐，安得兹而不捐。洎乎俗遠聖賢，教移齊魯，列廟以居，先師攸主。上熒熒以光徹，旁幂幂而色固；介爾堅貞，確乎規矩。昔有諸侯力政，周道無聞，嗟禮樂之仍缺，歎《詩》《書》之未分。聖人乃啓以褒貶，垂以典墳；必藉斯器，用成斯文：蓋石固而人往，亦有事乎硯云。至乃方質圓形，銅模龜首；雕飾爲用，陶甄可久。横彩烟而不絶，添渌水之常有；豈如是石，斯爲不朽。昔偶宣父，厥容伊何；旁積垂露，中含偃波。時代遷移，去游夏而彌遠；日月其邁，變炎凉之已多。别有縫掖書生，獻策東京；仰望先哲，攻文後成。叨秉筆以當問，愧含毫而頌聲。

李琪《謝朱梁祖大硯瓦狀》

蒙恩賜臣前件硯者。伏以記室濡毫於楯鼻，刃側非多；史臣染翰於螭頭，箇形甚小。尚或文章煥發，言動必書，爲號令之詞，作典謨之訓。如臣者，坐憂才短，行怯思遲，自叨金馬之近班，常愧玉蟾之舊物。豈可又頒文器，周及禁林。製作泓渟，規模廣滑；閉宮苔而色古，連池石以光凝。敢不致在坐隅，酣如筆陣。餘波浸潤，便同五老之壺；終日拂磨，豈但一丸之墨。如承重寶，倍感殊恩。

僧貫休《詠硯》詩

淺薄雖頑樸，其如近筆端。低心蒙潤久，入匣便身安。應念研磨久，無爲瓦礫看。倘然人不弃，還可比琅玕。

魏繁欽《硯頌》

有般倕之妙匠兮，頫詭異於遐都。稽山川之神瑞兮，識璣璇之内敷。遂縈繩於規的兮，假卞氏之遺模。擬渾噩之肇樸兮，效羲和之毀隅。鈞三趾於夏鼎兮，象辰宿之相扶。供無窮之秘用兮，御几筵而優遊。

莊南傑《寄鄭碏疊石硯歌》

媧皇補天殘錦片，飛落人間爲石硯。孤峰削疊一尺雲，虎幹熊跪勢皆遍。半掬春泉澄淺清，洞天徹底寒泓泓。筆頭搶起松烟輕，龍蛇怒鬥秋雲生。我今得此以代耕，如探禹穴披崢嶸。披崢嶸，心骨驚，坐中仿佛到蓬瀛。

李琪《詠石硯》

遠來柯嶺外，近到玉堂間。乍琢文猶澀，新磨墨尚慳。不能濡大筆，何要別秋山。

劉禹錫《贈唐秀才紫石硯》詩

端溪石硯人間重，贈我應知正草《玄》。闕里廟中空舊物，開方竈下豈天然。玉蜍吐水霞光净，彩翰摇風絳錦鮮。此日傭工記名姓，因君數到墨池前。

文嵩《即墨侯石虚中傳》

石虚中，字居默，南越高要人也。性好山水，隱遁不仕。因採訪使遇之於端溪，謂曰：『子有樸質沈厚之德，兼有奇相，體貌紫光，嘘呵潤澈，頗負材器，但未遇哲匠琢磨耳。《禮》不云乎：「玉不琢，不成器；人不學，不知道。」子其謂矣。今明天子御四海，六合之内無不用之材，無不成之器。吾今奉命巡察天下風俗，採訪海内遺逸，安敢輒怠厥職，見賢不薦者歟？子無戀溪泉自取沈弃耳。』虛中曰：『僕生此南土，遠在峽隅，自不知材堪器用。既辱採顧，敢不唯命是從。』採訪使遂命博士金漸之規矩磨礱，不日不月，果然業就。虛中器度方員，皆有邊岸，性格謹默，中心坦然，若汪汪萬頃之量也。採訪使以聞於省司，考試之。與燕人易元光研覈合道，遂爲雲水之交。有司以薦於上，上授之文史，登臺省，處右職。上利其器用，嘉其謹默，詔命常侍御案之右，以備濡染。因累勳績，封之即墨侯。虛中自歷位常，與宣城毛元鋭、燕人易元光、華陰楮知白，常侍上左右，皆同出處，時人號爲相須之友。史臣曰：衛有大夫石碏，其先顓帝之苗裔也。出靖伯之後曰甫，甫生石仲，仲之後曰碏，春秋時仕衛，世爲大夫焉。即墨侯石氏與衛大夫碏不同也。蓋出五行之精，八音之靈，岳結而生，稟質而名，懷寶爲玉，吐氣爲雲，發硎利刃，與天地常存者也。

文房四譜卷四

紙譜

一之叙事

《周禮》有史官掌邦國，大事書於策，小事簡牘而已。而又古用劄。《釋名》云：『劄者，櫛也，如櫛之比編之也，亦策之類也。』漢興，已有幡紙代簡，而未通用。至和帝時，蔡倫字敬仲，用樹皮及敝布魚網以爲紙，奏上，帝善其能。自是，天下咸謂之『蔡侯紙』。

左伯，字子邑，漢末益能爲之。故蕭子良《答王僧虔書》云：『子邑之紙，研妙輝光；仲將之墨，一點如漆。』

《説文》云：『紙者，絮一苫也。從糸，氏聲。』蓋古人書於帛，故裁其邊幅，如絮之一苫也。

《真誥》云：一條有楊掾，掾名曦。書兩本，一黄箋，一碧箋。

魏韋誕云：蔡邕非執素不妄下筆。

張芝善書，寸紙不遺，有絹必先書後練。

桓玄詔平淮，作桃花箋紙及縹緑青赤者，蓋今蜀箋之製也。

《真誥》云：三君多書荊州白箋紙，歲月積久，首尾零落，或兼缺爛。前人糊搨，不能悉相連補。

《釋名》曰：紙者，砥也，謂平滑如砥也。

幡紙，古者以縑帛依書長短，隨事截之，以代竹簡也。

服虔《通俗文》曰：方絮曰紙，字從糸、氏，無氏下從巾者。

又桓玄令曰：古無紙，故用簡，非主於恭。今諸用簡者，宜以黃紙代之。

虞預表云：秘府有布紙三萬餘枚，不任寫御書。乞四百枚付著作吏，寫起居注。

廣義將軍岷山公以黄紙上表於慕容儁。儁曰：『吾名號未異於前，何宜便爾？』讓，令以白紙稱疏。

古有藤角紙。范甯教云：『土紙不可作文書。』皆令用藤角紙。

古謂紙爲幡，亦謂之幅，蓋取繒帛之義也。自隋唐已降，乃謂之枚。

魏武令曰：自今諸掾屬、治中、别駕，常於月朔各進得失，給紙函各一。

張華造《博物志》成，晉武帝賜側理紙萬番，南越所貢。漢人言陟釐與側理相亂，蓋南人以海苔爲紙，其理縱横邪側，因以爲名。

《東觀漢記》曰：和熹鄧后臨朝，萬國貢獻悉令禁絶，歲時但供紙墨而已。

李陽冰云：紙常宜深藏篋笥，勿令風日所侵。若久露埃塵，則枯燥難用矣。攻書者宜謹之。

《墨藪》云：紙取東陽魚卵虛柔滑净者。

《三輔決録》曰：韋誕奏，蔡邕自矜能書，兼明斯籀之法，非得紈素，不妄下筆。工欲善其事，必先利其器用。張芝筆、左伯紙及臣墨，皆古法。兼此三具，又得臣手，然後可盡徑丈之勢、方寸之言。

《晉書》：爲詔以青紙、紫泥。

貞觀中，始用黄紙寫敕制。

高宗上元二年詔曰：詔敕施行，既爲永式。比用白紙，多有蟲蠹。宜令今後尚書省頒下諸司、諸州縣，宜並用黄紙。

歐陽通，紙必堅潔白滑者，方書之。

陶侃獻晉帝箋紙三千枚，極妙，並墨。

《東宫舊事》：皇太子初拜，給赤紙、縹紅麻紙、敕紙各一百張。

雷孔璋曾孫穆之猶有張華與其祖書，所書乃桑根紙也。

王右軍爲會稽，謝公就乞箋、筆，庫内有九萬枚，悉與之。

桓宣武云：『逸少不節。』

《抱朴子》曰：洪家貧，伐薪賣之，以給紙筆，故不得早涉藝文。常乏紙，每所寫皆反覆有字，人少能讀。

《御史故事》云：按彈奏，白簡爲重，黄紙爲輕。今一例白紙，無甚差降矣。

古彈文白紙爲重，黃紙爲輕。故《彈王源表》云：『源官品應黃紙，臣輒奉白簡以聞矣。』

《國史補》曰：紙之妙者，則越之剡藤、苔箋，蜀之麻面、屑骨、金花、長麻、魚子、十色箋，揚之六合箋，蒲州白薄、重抄，臨川滑薄。

唐韋陟書名如五朵雲，每以彩箋爲緘題，時人譏其奢縱。

《抱朴子》曰：吴之杪季，有不知五經之名，而饗儒官之禄；不嫺尺紙之寒暑，而坐著作之地；筆不注簡，而受駁議之勞。

干寶表曰：『臣前聊欲撰記古今怪異非常之事，會聚散逸，使自一貫。博訪知古者，片紙殘行，事事各異。又乏紙筆，或書故紙。』詔答云：『今賜紙二百枚。』

晉令，諸作紙：大紙一尺三分，長一尺八分，聽參作廣一尺四寸。小紙廣九寸五分，長一尺四寸。

石虎詔曰：先帝君臨天下，黄紙再定。至於選舉，於銓用爲允，可依晉氏九班爲準格。

《京邦記》：東宫臣上疏用白紙，太子答用青紙。

崔瑗《與葛元珉書》：令送《許子》十卷，貧不及素，但以紙耳。

徐邈《與王珝書》：東宫臣既黄紙奉表於天朝，則宜白紙上疏於儲宫。或説白紙稱表，吾謂無此體。

山簡表：臣父故侍中司徒濤，奉先帝手筆青紙詔。

二之造

漢初，已有幡紙代簡。成帝時，有赫蹏書詔。應劭曰：『赫蹏，薄小紙也。』至後漢和帝元興中，常侍蔡倫剉故布及魚網樹皮而作之，彌工，如蒙恬已前已有筆之謂也。又棗陽縣南蔡倫宅，故彼土人多能作紙。又庾仲雍《湘州記》云，應陽縣蔡子池南有石臼，云是蔡倫舂紙臼也。一云耒陽縣。

黟、歙間多良紙，有凝霜、澄心之號。復有長者，可五十尺爲一幅。蓋歙民數日理其楮，然後於長船中以浸之，數十夫舉抄以抄之，傍一夫以鼓而節之，於是以大薰籠周而焙之，不上於墻壁也。由是自首至尾，勻薄如一。

蜀中多以麻爲紙，有玉屑、屑骨之號。江浙間多以嫩竹爲紙。北土以桑皮爲紙。剡溪以藤爲紙。海人以苔爲紙。浙人以麥莖、稻稈爲之者脆薄焉，以麥稿、油藤爲之者尤佳。

漢末左伯，字子邑，又能爲紙。故蕭子良《答王僧虔書》云：『子邑之紙，妍妙輝光；仲將之墨，一點如漆；伯英之筆，窮神盡思：妙物遠矣，邈不可追。』仲將，韋誕字也。

宋張永自造紙墨。

蜀人造十色箋，凡十幅爲一榻。每幅之尾，必以竹夾夾之，和十色水逐榻以染。當染之際，弃置搥埋，堆盈左右，不勝其委頓。逮乾，則光彩相宜，不可名也。然逐幅於方版之上砑之，則隱起花木麟鸞，千狀萬態。又以細布，先以麫漿膠令勁挺隱出其文者，謂之魚子箋，又謂之羅箋。今剡溪亦有焉。亦有作敗麪糊，和以五色，以紙曳過，令沾濡，流離可愛，謂之流沙箋。亦有煮皂筴子膏，並巴豆油，傅於水面，能點墨或丹青於上，以薑揾之則散，以狸須拂頭垢引之則聚。然後畫之爲人物，研之爲雲霞及鷙鳥翎羽之狀，繁縟可愛，以紙布其上而受采焉。必須虛窗幽室，明槃净水，澄神慮而製之，則臻其妙也。近有江表僧於内庭造而進之，御毫一洒，光彩焕發。

晉武賜張華側理紙，已具《叙事》中。《本草》云：『陟釐味甘，大温無毒，止心腹大寒。温中消穀，强胃氣，止洩痢。生江南池澤。』陶隱居云：『此即南人用作紙者。』唐本注云：『此物乃水中菭，今取爲紙，名爲菭紙。青黄色，味澀。』《小品方》曰：『水中粗菭也。音陟釐。陟釐與側黎相近，側黎又與側理相近也。又云即石髮也。』薛道衡《詠菭紙》：『今來承玉管，布字轉銀鈎。』

搨紙畫紙法。見《雜説》門。

永徽中，定州僧修德欲寫《華嚴經》，先以沈香漬水，種楮樹，俟其拱，取之造紙。

《丹陽記》：江寧縣東十五里有紙官署，齊高帝於此造紙之所也，常送凝光紙賜王僧虔。一云，銀光紙也。

《林邑記》云：九真俗，書樹葉爲紙。

段成式在九江出意造紙，名雲藍紙，以贈溫飛卿。

三之雜説

《鄴中記》：石虎詔書以五色紙，著木鳳凰口中，令銜之飛下端門。

庾永興《答王羲之書》曰：得示連紙一丈，致辭一千，增其歎耳，了無解往懷。

江南僞主李氏常較舉人畢，放榜日給會府紙一張。可長二丈，闊一丈。厚如繒帛數重，令書合格人姓名。每紙出，則縫掖者相慶，有望於成名也。僕頃使江表，睹今壞樓之上猶存千數幅。

《畫品》云：古畫尤重紙上者。言紙得五百年，絹得三百年方壞。

紙投火中，烟起尤損人，令肺臟中有所傷。坐客或云：『天下神祠中巫祝間少有肥者，蓋烟紙烟常熏其鼻息故也。』

山居者常以紙爲衣，蓋遵釋氏云『不衣蠶口衣』者也。然復甚暖，衣者不出十年，黄面而氣促，絕嗜欲之慮。且不宜浴，蓋外風不入，而内氣不出也。

亦嘗聞造紙衣法：每一百幅用胡桃、乳香各一兩煮之，不爾，蒸之亦妙。如蒸之，即恒洒乳香等水，令熱熟，陰乾，用箭幹横卷而順屧之，然患其補綴繁碎。今黟、歙中有人造紙衣段，可如大門闔許。近士大夫征行，亦有衣之，蓋利其拒風於凝沍之際焉。陶隱居亦云：『武陵人作榖皮衣，甚堅好也。』今江浙間有以嫩竹爲紙。如作密書，無人敢拆發之，蓋隨手便裂，不復粘也。

羊續，字叔祖，以清率下。紙帷布被，以敗紙糊補之。時爲南陽守。

在昔書契以還，簡策作矣。至於厥後，或以縑帛。蔡侯有作，方行於世。近代以來，陰陽卜祝通於幽冥者，必斸紙爲幣，以賂諸冥漠君。每睹諸家玄怪之語，或有鬼祈於人而求之者，或有賂之而獲洪福者。噫！遊魂爲變，綿古而然，漢室已前，鬼何所資乎？得非神不能自神，而隨世之態乎？唐末，太學博士丘光庭亦有《紙錢說》，文多不録。

《杜陽編》：德宗朝有朱來鳥，常啖玉屑，聲甚清暢。及爲鷙鳥所搏，宫人皆以金花箋寫《心經》，薦其冥福。

張平子《與崔子玉書》云：『乃者朝賀明日，讀《太玄經》，《玄》四百歲其興乎？端力精思，以揆其義，使人難論陰陽之事。足下累世窮道極微，子孫必命世不絕，且幅寫一通，藏之待能者。』幅寫者，絹帛代紙以寫也。

邢子才少在洛陽，會天下無事，專爲山水之遊，時人方之王粲。其文一出，京師爲之紙貴。

陳后主常令八婦人襞彩箋，製五言詩。

魏收，文襄令爲檄梁文，初夜執筆，三更便成，文過七紙。

《唐書》：杜暹爲婺州參軍，秩滿將歸，吏以紙萬張贈之，暹惟受百幅。人歎之曰：『昔清吏受一大錢，復何異！』

《異苑》：張仲舒在廣陵，天雨絳羅箋，紛紛甚駛，非吉兆也。

馬融《與竇伯向書》曰：『孟陵奴來，賜書手迹，歡喜何量，次於面也。』書雖兩紙，紙八行七字。

延篤《答張惟奂書》曰：惟別三年，夢想言念，何日有違。伯英來惠書，書盈四紙，讀之反覆，喜不可言。

張奂《與陰氏書》曰：舊念既密，文章粲爛。名實相副，來讀周旋。紙弊墨渝，不離於手。

羲之永和九年製《蘭亭序》，乘樂興而書，用蠶繭紙，鼠鬚筆，遒媚勁健，絕代更無。太宗後得之。洎玉華宮大漸，語高宗曰：『吾有一事，汝從之，方展孝道。』高宗涕泣引耳而聽，言：『得《蘭亭序》陪葬，吾無恨矣。』

鄭虔爲廣文博士，學書，病無紙。知慈恩寺有柿葉數屋，遂借僧房居止，取紅葉學書。歲久殆遍。

《歷代名畫記》云：背書畫勿令用熟紙，背必皺起，宜用白滑漫薄大幅生紙。紙縫先避畫者人面及要節處。若縫之相當，則强急卷舒有損。要令參差其縫，則氣力均平。太硬則强急，太薄則失力。絹素彩色不可搗理，紙上白畫可以砧石安貼之。仍候陰陽之氣調適。秋爲上時，春爲中時，夏爲下，暑濕之時不可也。

《歷代名畫記》云：江東地潤無塵，人多精藝。好事者常宜置宣紙百幅，用法蠟之，以備模寫。古人好搨畫，十得七八，不失神彩筆迹。亦有御府搨本，謂之官搨。

搨紙法：用江東花葉紙，以柿油、好酒浸一幅，乃下鋪不浸者五幅，上亦鋪五幅，乃細卷而硾之。候浸漬染著如一，搨書畫若俯止水、窺朗鑒之明徹也。今舉子云：『宜賫入詞場以護試紙，防他物所污。』

庾闡，字仲初，造《揚都賦》成，其文偉麗。時人相傳爭寫，爲之紙貴。

漢成帝趙婕妤妒。後宫有兒生八九日，客持詔記封緑小篋與獄中婦人，有裹藥二枚，赫蹏書曰：『告偉能，努力飲此藥。』孟康曰：『赫蹏，染黄素令赤而書之，若今黄紙也。』劉展曰：『赫音「兄弟鬩於墻」之「鬩」。』應劭曰：『赫蹏，薄小紙也。』互有所説。

《本草拾遺》云：印紙剪取印處，燒灰水服，令人絶産。

撫州有茶衫子紙，蓋裹茶爲名也。其紙長連，自有唐已來，禮部每年給明經帖書。見《茶譜》。

藥品中有閃刀紙，蓋裁紙之際，一角疊在紙中，匠人不知漏裁者。醫人入藥用。

孔温裕因直諫貶柳州司馬。有鵲喜於庭，兒孫拜之飛去，墜下方寸紙，上有『補闕』字。未幾徵還，果有此拜。見《因話録》。

《資暇》云：松花箋，代以爲薛濤箋，誤也。松箋其來舊矣。元和之初，薛濤尚斯色，而好製小詩。惜其幅大，不欲長剩之，乃命匠人狹小爲之。蜀中才子既以爲便，後減諸箋亦如是，特名曰薛濤箋。今蜀中紙有小樣者，皆是也，非松花一色。

魏人謗邢邵云：邢家小兒常作文表，自買黄紙寫之而送。

司馬消難不知書，書架上徒設空紙。時人云『黄紙五經，赤軸三史』。

蘇綽爲人公正，周文推心委任而無間。或出遊，常豫置空紙以授綽，若須有處分，則隨事施行。及還，啓知而已。

南朝有士人朱詹，家貧力學，常呑紙療飢。

今大寮書題上紙籤，出於李趙公。

唐初，將相官告亦用銷金箋及金鳳紙書之，餘皆魚箋、花箋而已。厥後李肇《翰林志》云：凡賜與、徵召、宣索、處分曰詔，用白藤紙。慰撫軍旅曰書，用黄麻紙。太清宫内道觀薦告文辭，用青藤紙朱書，謂之青辭。諸陵薦告上表、内道觀文，並用白麻紙。凡赦書、德音、立后、建儲、大誅討、拜免三公、命相、命將，並用白藤紙，不用印。雙日起草，隻日宣。宰相、使相官告，並用色背綾金花紙。節度使，並用白背綾金花紙。命婦，即金花羅紙。吐蕃及贊普書及別録，用金花五色綾紙、上白檀木、真珠、瑟瑟、鈿函、金鎖鑰。吐蕃宰相、摩尼師已下，書甲五色麻紙。南詔及青平官書，用黄麻紙。唐朝進士榜頭粘堅黄紙四張，以氈筆淡墨滚轉，書曰『禮部貢院』四字。或云文皇以飛白書，或云象陰注之象。

宣宗雅好文儒。鄭鎬知貢舉，忽以紅箋筆劄一名紙曰『鄉貢進士，李御名。』以賜之。

孫放《西寺銘》曰：長沙西寺，層構傾頹，謀欲建立。其日有童子持紙花插地故寺東西，相去十餘丈。於是建剎，正當紙花處。

攝生者尤忌枕高。宜枕紙二百幅，每三日去一幅。漸次取之，迨至告盡，則可不俟枕而寢也。若如是，則腦血不滅，神光愈盛矣。

《神仙傳》云：李之意，神仙人也。蜀先主欲伐吴，問之意。乃求紙筆，畫作兵馬數十，手裂壞之。又畫一大人，又壞之。先主出軍，敗衄。

戴祚《甄異傳》云：王肇常在内宿，晨起出外，妻韓氏時尚未覺，而奴子云：『郎索紙百幅。』韓視帳中，見肇猶卧，忽不復見。後半歲肇亡。

王琰《冥祥記》云：元嘉八年，蒲坂城中大火災，里中小屋雖焚，而於煨燼下得金經紙素如故。

《林邑記》：『九真俗，書樹葉爲紙。』《廣州記》：『取穀樹皮熟捶，堪爲紙。蓋蠻夷不蠶，乃被之爲褐也。』

釋迦佛爲磨休王時，剥皮爲紙，寫《大乘經》。見《筆譜》。

王羲之《筆經》云：以麻紙裹柱根，欲其體實，得水不化。

《搜神記》：益州西南有神祠，自稱黄石公。祈禱者持一百幅紙及筆墨放石室中，則言吉凶。

劉恂《嶺表録異》云：廣管羅州多棧香樹，身似柜柳，其花白而繁，其葉如橘皮，堪作紙，名爲香皮紙。皮白色，有文如魚子箋。雷、羅州，義甯、新會縣率多用之。其紙漫而弱，沾水即爛，不及楮皮者。

《世説》：戴安道就范宣學所爲。范讀書，亦讀書；范抄紙，亦抄紙。

四之辭賦

傅咸《紙賦》

蓋世有質文，則治有損益，故禮隨時變，而器與事易。既作契以代繩兮，又造紙而當策，猶純儉之從宜，亦惟變而是適。夫其爲物，厥美可珍，廉方有則，體潔性真。含章蘊藻，實好斯文，取彼之弊，以爲此新。攬之則舒，捨之則卷，可屈可伸，能幽能顯。

梁江洪《爲傅建康詠紅箋》詩

雜采何足奇，惟紅偏可作。灼爍類蕖開，輕明似霞破。鏤質卷方脂，裁花承百和。不遇情牽人，豈入風流座。

梁簡文帝《詠紙》詩

皎白猶霜雪，方正若布棋。宣情且記事，寧同魚網時？

薛道衡《詠苔紙》詩

昔時應春色，引淥泛清流。今來承玉管，布字轉銀鈎。

梁劉孝威《謝官紙啓》略云

雖復鄴殿鳳銜，漢朝魚網，平淮桃花，中宮穀樹，固亦慚兹靡滑，謝此鮮華。

韋莊《乞彩箋歌》

浣花溪上如花客，綠闇紅藏人不識。留得溪頭瑟瑟波，潑成紙上猩猩色。手把金刀裁彩雲，有時剪破秋天碧。不使虹霓段段飛，一時驅上丹霞壁。蜀客才多染不工，卓文醉後開無力。孔雀銜來向日飛，翩翩壓折黃金翼。我有歌詩一千首，磨礱山岳羅星斗。開卷長疑雷電驚，揮毫只怕龍蛇走。班班布在詩人口，滿軸松花都未有。人間無處買烟霞，須知得自神仙手。也知價重連城璧，一紙萬金猶不惜。薛濤昨夜夢中來，殷勤勸向君邊覓。

僧齊己《謝人贈棋子彩箋詩》

陵陽棋子浣花箋，深愧携來自錦川。海蚌琢成星落落，吴綾隱出鳳翩翩。留防桂苑題詩客，惜寄桃源敵手仙。捧受不堪題出處，七千餘里劍關前。

舒元輿《悲剡溪古藤文》

剡溪上綿四五百里，多古藤，株枿逼土，雖春入土脈，他植發活，獨古藤氣候不覺，絶盡生意。予以爲本乎地者，春到必動。此藤亦本於地，方春且死，遂問溪上之有道者。言溪中多紙工，持刀斬伐無時，劈剥皮肌以給其業。噫藤雖植物者，温而榮，寒而枯，養而生，殘而死，亦將似有命於天地間。今爲紙工斬伐，不得發生，是天地氣力爲人中傷，致一物疵癘之若此。異日過數十百郡，洎東洛西雍，歷見言書文者皆以剡紙相誇。予悟曩見剡藤之死，職正由此，此過固不在紙工。且今九牧士人，自專言能見文章户牖者，其數與麻竹相多。聽其語其自安重，皆不啻探驪龍珠，雖有曉悟者，其倫甚寡。不勝衆者，亦皆斂手無語。勝衆者果自謂天下文章歸我，遂輕傲聖人之道。使《周南》《召南》風骨，抑入於《折揚》《皇華》中，言偃、卜子夏文學，陷入於淫靡放蕩中。比肩握管，動盈數千百人，人人筆下動數千萬言，不知其爲謬誤。日日以縱，自然殘藤命易甚桑枲。波波頹沓，未見止息，如此則綺文妄言輩，誰非書剡紙者耶？紙工嗜利，曉夜斬藤以鬻之，雖舉天下爲剡溪猶不足以給，况一剡溪者耶？以此恐後之日，不復有藤生於剡矣。大抵人間費用，苟得著其理，則不枉之道在，則暴耗之過，莫有横及於物。物之資人亦有時，時其斬伐，不爲夭閼？予謂今之錯爲文者，皆夭閼剡溪藤之流也。藤生有涯，而錯爲文者無涯，無涯之損物，不直於剡藤而已。予所以取剡藤以寄其悲。

周朴《謝友人惠箋紙並筆》

范陽從事獨相憐，見惠霜毫與彩箋。三副緊纏秋月兔，五般方剪蜀江烟。宵徵覺有文通夢，日習慚無子諒篇。收著不將兩處用，歸山問向墨池前。

段成式《與温庭筠雲藍紙絶句並序》

一日辱飛卿九寸小紙，兩行親書，云要采箋十番，録少詩稿。予有雜箋數角，多抽揀與人。既玩之輕明，復用殊麻滑。尚愧大庾所得，猶至四百枚；豈及右軍不節，盡付九萬幅。因知碧聯棋上，重翻《懊惱》之辭；紅方絮中，更擬相思之曲。固應桑根作本，藤角爲封；古拙不重蔡侯，新樣偏饒桓氏。何啻奔墨馳騁，有貴長簾；下筆縱横，偏求側理。所恨無色如鴨卵，狀如馬肝，稱寫璇璣，且題裂錦者。予在九江，出意造雲藍紙，既乏左伯之法，今無張永之功。輒分五十枚，並絶句一首，或得閑中暫當藥餌也。

三十六鱗充使時，數番尤得裹相思。待將抱拱重抄了，盡寫襄陽《播掿詞》。今飛卿集中有《播掿詞》。

文嵩《好時侯楮知白傳》

楮知白，字守玄，華陰人也。其先隱居商山，入百花谷，因谷氏焉。幼知文，多爲高士之首冠。自以朴散不仕，殷太戊失德於時，與其友桑同生入朝直諫，拱於庭七日。太戊納其諫而修德，以致聖敬日躋，因賜邑於楮，其後遂爲楮氏。二十二代祖枝，因後漢和帝元興中，下詔徵岩穴隱逸，舉賢良方正之士。中常侍蔡倫搜訪，得之於耒陽，貢於天子。天子以其明白方正，舒卷平直，《詩》所謂『周道如砥，其直如矢』者也。用箧史官，以代簡册。尋拜治書侍御史，奉職勤恪，功業昭著。上用嘉之，封好時侯。其子孫世修厥職，累代襲爵不絶。博好藏書，尤能遍求，自有文籍以來，經誥典策，及釋道百氏之書，無不載之素幅。遇其人則舒而示之，不遇其人則卷而懷之，終不自矜其該博。晉宋之世，每文士有一篇一詠出於人口者，必求之繕寫。於是京師聲價彌高，皆以文章貴達，歷齊、梁、陳、隋以至今，朝廷益甚見用。知白爲人好薦賢汲善，能染翰墨，與人鋪舒行藏，申冤雪恥，呈才述志，啓白公卿台輔，以至達於天子，未嘗有所難阻。隱蔽歷落，布在腹心，何祇於八行者歟！知白家世，自漢朝迄今千餘載，奉嗣世官，功業隆盛，簿籍圖牒，布於天下，所謂日用而不知也。知白以爲不失先人之職，未嘗輒伐其功，與宣城毛元鋭、燕人易玄光、南越石虚中爲相須之友。每所歷任，未嘗不同。知白自國子受牒補主簿，直弘文館，爲書吏所賂，因潤而墜之。當軸素知廉潔，憐而不問。他日方戒而用之，是以其道益光，曾無背面。累遷中書舍人、史館修撰。直筆之下，善惡無隱。明天子御宇，海内無事，志於經籍，特命刊校集賢御書。書成奏之，天子執卷躬覽，嘉賞不已。因是得親御案，乃復嗣爵好時侯。

史臣曰：春秋有楮師氏，爲衛大夫，乃中國之華族也。好時侯楮氏，蓋上古山林隱逸之士，莫知其本出。然而功業昭宣，其族大盛，爲天下所用利矣。世世封侯爵食，不亦宜乎！

文房四譜卷五

墨譜

一之叙事

《真誥》云：今書通用墨者何？蓋文章屬陰，墨，陰象也，自陰顯於陽也。

《續漢書》云：中宮令主御墨。

《漢書》云：尚書令、僕、丞、郎，月賜隃麋大墨一枚，小墨一枚。

《東宫故事》：皇太子初拜，給香墨四丸。

《釋名》曰：墨者，晦也，言似物晦墨也。

陸士龍《與兄書》曰：一日上三臺，得曹公藏石墨數十萬斤，然不知兄頗見之否？今送二螺。

古有九子之墨，祝婚者多子，善禱之像也。詞曰：『九子之墨，藏於松烟。本性長生，子孫無邊。』

顧微《廣州記》曰：懷化郡掘塹，得石墨甚多，精好可寫書。今山中多出朱石，亦可以入朱硯中使。

戴延之《西征記》曰：『石墨山，北五十里，山多墨可書，故號焉。』盛宏之《荊州記》曰：『筑陽縣亦出。』

揚雄《詔令》：尚書賜筆墨，觀書石室。

《墨藪》云：凡書，先取墨。必廬山之松烟、岱郡之鹿角膠十年之上强如石者妙。

《周書》有涅墨之刑。《莊子》云：『舐筆和墨。』晉公墨衰，邑宰墨綬，是知墨其來久矣。

陶侃獻晉帝箋紙三千枚，墨二十丸，皆極精妙。

王充《論衡》云：以塗傅泥，以墨點繒，孰有知之？清受塵，白取垢，青蠅之汙，常在絹素。

歐陽通每書，其墨必古松之烟，末以麝香，方可下筆。

許氏《説文》云：墨者，墨也，字從黑、土。墨者煤烟所成，土之類也。

古人灼龜，先以墨畫龜，然後灼之，兆順食墨乃吉。《尚書·洛誥》云：『惟洛食。』漢文大橫入兆，即其事也。

北齊朝會儀：諸郡守勞訖，遣陳土宜，字有謬誤及書迹濫劣者，必令飲墨水一升。見《開寶通禮》。

酈元注《水經》云：鄴都銅雀臺北曰冰井臺，高八丈，有屋一百四十間。上有冰室數井，井深十五丈，藏冰及石墨焉，石墨可書。又見陸雲《與兄書》云。

《括地志》云：東都壽安縣洛水之側有石墨山，山石盡黑，可以書疏，故以石墨名山。

《新安郡記》云：黟縣南一十六里有石嶺，上有石墨，土人多採以書。有石墨井，是昔人採墨之所。今懸水所淙激，其井轉益深矣。

《陳留耆舊傳》云：王邯剛猛，能解槃牙、破節目。考驗楚王英謀反，連及千餘人。事竟，引入詰問，無謬。一見，賜御筆墨；再見，賜佩帶；三見，除司徒西曹屬。

王充《論衡》云：河出圖，洛出書，此皆自然也。天安得筆墨圖畫乎？

晉令治書令史掌威儀禁令，領受寫書縑帛筆墨。

《筆陣圖》以筆爲刀矟，墨爲鍪甲。

二之造

韋仲將即韋誕也。《墨法》曰：今之墨法，以好醇松烟乾擣，以細絹簁於缸中，簁去草芥。此物至輕，不宜露簁，慮飛散也。烟一斤已上，好膠五兩，浸梣皮汁中。梣皮即江南石檀木皮也。其皮入水緑色，又解膠，並益墨色。可下去黄雞子白五枚，亦以真珠一兩、麝香一兩，皆别治細篩。都合調下鐵臼中，寧剛不宜澤。擣三萬杵，多益善。不得過二月、九月，温時臭敗，寒則難乾。每挺重不過二兩。故蕭子良《答王僧虔書》云：『仲將之墨，一點如漆。』

冀公《墨法》：松烟二兩，丁香、麝香、乾漆各少許，以膠水溲作挺，火烟上薰之，一月可使。入紫草末色紫，入秦皮末色碧，其色俱可愛。

昔祖氏本易定人，唐氏之時墨官也。今墨之上，必假其姓而號之。大約易水者爲上，其妙者必以鹿角膠煎爲膏而和之，故祖氏之名聞於天下。今太行、濟源、王屋亦多好墨，有圓如規，亦墨之古製也。有以栝木烟爲之者，尤粗。又云：上黨松心爲之尤佳，突之末者爲上。

江南黟、歙之地有李廷珪墨，尤佳。廷珪本易水人，其父超，唐末流離渡江，睹歙中可居，造墨，故有名焉。今有人得而藏於家者，亦不下五六十年。蓋膠敗而墨調也，其堅如玉，其紋如犀，寫逾數十幅，不耗一二分也。

墨或堅裂者至佳。凡收貯，宜以紗囊盛，懸於透風處佳。

造朱墨法：上好朱砂細研飛過，好朱紅亦可。以梣皮水煮膠清，浸一七日，傾去膠清。於日色中漸漸曬之，乾濕得所，和如墨挺。於朱硯中研之，以書碑石。亦須二月、九月造之。

宋張永涉獵經史，能爲文章，善隸書。又有巧思，紙墨皆自造。上每得永表，輒執玩咨嗟久之，供御者不及也。

造麻子墨法：以大麻子油沃糯米半碗强，碎剪燈心堆於上，燃爲燈。置一地坑中，用一瓦鉢微穿透其底，覆其焰上，取烟煤重研過。以石器中煎煮皂莢膏，並研過者、糯米膏，入龍腦、麝香、秦皮末和之，搗三千杵。溲爲挺，置蔭室中俟乾。書於紙上，向日若金字也。秦皮，陶隱居云：『俗謂之樊槻皮。

以水漬和墨，書色不脱，故造墨方多用之。』

近黟、歙間有人造白墨，色如銀，迨研訖，即與常墨無異，却未知所製之法。

三之雜説

張芝臨池書，水盡墨。

《神仙傳》云：班孟能嚼墨，一噴皆成字，盡紙有意義。

王子年《拾遺》云：張儀、蘇秦同志寫書，遇聖人之文，則以墨畫掌及股裏以記之。

葛洪好學，自伐薪買紙墨。

《災祥集》曰：天雨墨，君臣無道，讒人進。

《神仙傳》：漢桓帝徵仙人王遠，遠乃題宫門四百餘字。帝惡而削之，外字去，内字復見，墨皆入木裏。

揚雄《答劉歆書》云：雄爲郎，自奏心好沈博絶麗之文，願不受三歲俸，息休直事，得肆心廣意。成帝詔不奪俸，令尚書賜筆墨，得觀書於石室。故天下上計孝廉及内郡衛卒會者，雄常把三寸弱翰，齎油素四尺，以問其異。歸則以鉛擿松槧，二十七年於兹矣。

僞蜀有童子某者能誦書，孟氏召入，甚嘉其穎悟，遂錫之衣服及墨一丸。後家童誤墜於庭下盆池中。後數年，重植盆中荷芰，復獲之，堅硬光膩仍舊。或云僖宗朝所用之墨餘者。

唐王勃爲文章，先研墨數升，以被覆面，謂之腹稿，起即下筆不休。幼常夢人遺之墨丸盈袖。

西域僧書言彼國無硯筆紙，但有好墨，中國者不及也，云是雞足山古松心爲之。僕嘗獲貝葉，上有梵字數百，墨倍光澤。會秋霖，爲窗雨濕，因而揩之，字終不滅。

後周宣帝令外婦人以墨畫眉，蓋禁中方得施粉黛。

《漢書》：光武起，王莽以墨汙渭陵、延陵周垣。

僕將起赴舉年，夢今上臨軒，親賜墨一挺，僕因蹈舞拜受。旦日，言於座客。有郭靖者，江表人也，前賀曰：『必狀元及第。』僕詰之，郭曰：『僕有徵方言也。』前春御試，果冠群彦，而郭公已有他事遁歸江表。後言之於禮部郎中張洎，洎曰：『夫墨者，筆硯之前，用時必須出手矣。手與首同音也。』僕亦自解之曰：『天子手與文墨也。』

顧野王《輿地志》曰：漢時王朗爲會稽太守，子肅隨之郡，住東齋中。夜有女子從地出，稱趙王女，與肅語。曉别，贈墨一丸。肅方欲注《周易》，因此便覺才思開悟。

《抱朴子》：友人玄伯先生以濡墨爲城池，以機軸爲干戈。

汲太子妻與夫書曰：並致上墨十螺。

葛龔《與梁相書》曰：復惠善墨，下士難求，椎骸骨，碎肝膽，不足明報。

干寶《搜神記》曰：益州西有祠，自稱黄石公。人或饋紙筆一丸墨，則石室中言吉凶。

《本草》云：墨味辛，無毒，止血生肌膚。合金瘡散，主産後血暈。磨醋服之，亦主眯目，物芒入目點瞳子。又主血痢及小兒客忤，搗篩和水調服之。好墨入藥，粗者不堪。

陶隱居云：樊槻皮水漬以和墨，書色不脱，即秦皮也。

陶隱居云：烏賊魚腹中有墨，今作好墨用之。烏賊者，以其食烏也。

海人云烏賊魚即秦王算袋魚也。昔秦王東遊，弃算袋於海，化爲此魚，形一如算袋，兩帶極長。墨猶在腹，人捕之，必噴墨昏人目也。其墨，人用寫券。歲久其字磨滅，如空紙焉。無行者多用之。

《國語》：晉成公初生，夢人規其臀以墨曰：『使有晉國三世。』故名黑臀。

潁川荀濟與梁武有舊，而素輕梁武。及梁受禪，乃入北。嘗云：『會於楯鼻磨墨作文檄梁。』

今常侍徐公鉉云：建康東有雲穴，西山有石墨，親常使之。又云：幼年常得李超墨一挺，長不過尺，細裁如筋。與其愛弟鍇共用之，日書不下五千字，凡十年乃盡。磨處邊際如刀，可以裁紙。自後用李氏墨，無及此者。超即廷珪之父也。

唐末，陶雅爲歙州刺史二十年，嘗責李超云：『爾近所造墨殊不及吾初至郡時，何也？』對曰：『公初臨郡，歲取墨不過十挺，今數百挺未已，何暇精好焉？』

山中新伐木，書之，字即隱起。他日洗去墨，字猶分明。又書於版牘，歲久木朽，而字終不動。蓋烟煤能固木也。亦徐常侍言。

今之小學者將書，必先安神養氣，存想字形在眼前，然後以左手研墨，墨調手穩方書，則不失體也。又曰：『研墨如病。』蓋重其調匀而不泥也。又曰：『研墨要凉，凉則生光。墨不宜熱，熱則生沫。』蓋忌其研急而墨熱。又李陽冰云：『用則旋研，無令停久，久則塵埃相汙，膠力隳亡。如此，泥鈍不任下筆矣。』

初，舉子云：凡入試，題目未出間，豫研墨一硯。蓋欲其辦事，非主於事筆硯之妙者也。

今之燒藥者，言以墨塗紙裹藥，尤能拒火。

王嘉《拾遺記》：昔老君居景室山，與老叟五人共談天地之數，撰經書垂十萬言。有浮提國二神人出金壺器，中有墨汁，狀若淳漆。灑木石，皆成篆隸，以寫之。及金壺汁盡，二人乃欲刳心瀝血以代墨焉。五老，即五天之釋也。景室，即太室、少室也。

王獻之與桓温書扇，誤爲墨汙，因就成一駁牛，甚工。

曹不興畫屏，改誤汙爲蠅，大帝以手彈之。

義熙中，三藏佛馱跋陁住建業謝司空寺，造護净堂，譯《華嚴經》。堂下忽化出一池，常有青衣童子自池中出，與僧灑埽研墨。

《宋雲行記》云：西天磨休王斫髓爲墨，寫大乘經。見《筆勢》中。

石崇《奴券》曰：張金好墨，過市數蠡，並市豪筆，備郎寫書。

趙壹《非草書》云：十日一筆，月數丸墨。見《筆勢》中。

劉恂《嶺表録異》云：嶺表有雷墨。蓋雷州廟中雷雨勃起，人多於野中獲得石，狀如黳石，謂之雷公墨也。扣之鎗鎗然，光瑩可愛。

《典論》云：袁紹妻劉氏性妒，紹死未殯，殺其妾五人。恐死者知，乃髡其髮，墨其面。

曹毗《志怪》云：漢武鑿昆明極深，悉是灰墨，無復土，舉朝不解。以問東方朔，朔曰：『臣愚不足以知之，可試問西域胡僧。』上以朔不知，難以核問。後漢明帝時外國道人入來洛陽，時有憶方朔言者，乃試問之。胡人曰：『經云，天地大劫將盡，則劫燒灰。此燒之餘。』乃知朔言有旨。又曰，出《幽明録》。

四之辭賦

後漢李尤《墨銘》

書契既造，研墨乃陳。烟石相附，筆疏以伸。一作『烟石附筆，以流以伸』。

曹植樂府詩

墨出青松烟，筆出狡兔翰。古人成鴛迹，文字有改刊。

張仲素《墨池賦》

墨之爲用也，以觀其妙；池之爲玩也，不傷其清。苟變池而盡墨，知功積而藝成。伊昔伯英，務兹小學；棲遲每親乎上善，勤苦方資乎先覺。俾夜作晝，日居月諸；挹彼一水，精其六書。或流離於崩雲之勢，乍滴瀝於垂露之餘。由是變此黛色，涵乎碧虛。浴玉羽之翩翩，或殊白鳥；濯錦鱗之瀲瀲，稍見玄魚。自强不息，允臻其極。何健筆以成文，俾方塘之改色。映揚鬐之鯉，乍謂寓書；沾曳尾之龜，還同食墨。沮洳斯久，杳冥莫測；愛涅者必其緇，知白者成其黑。蘋風已歇，桂月初臨；元渚彌净，元流更清。所以恢宏學海，輝映儒林；將援毫而悦目，豈發册而賞心。其外莫測，其中莫見；同君子之用晦，比至人之不炫。冰開而純漆重重，石映而玄珪片片。倘北流而浸稻，自成黑黍之形；如東門之漚麻，更學素絲之變。究其義也，如蟲篆之所爲；悦其風也，想鳥迹之多奇。將與能也，而可傳可繼；豈謀樂也，而泳之游之。恥魏國之沈沈，徒開墨井；笑崑山之浩浩，空設瑶池。專其業者全其名，久其道者盡其美。譬彼濡翰，成兹色水。則知遊藝之徒盡，以墨池而竊比。

李白《酬張司户贈墨歌》

上黨碧松烟，夷陵丹砂末。蘭麝凝珍墨，精光乃堪掇。黄頭奴子雙鴉鬟，錦囊卷之懷抱間。今日贈予《蘭亭》去，興來灑筆會稽山。

僧齊己《謝人惠墨詩》

珍我歲寒烟，携來路幾千。只應真典誥，銷得苦磨研。正色浮端硯，精光動蜀箋。因君强濡染，捨此即忘筌。

《段成式送温飛卿墨往復書十五首》

段云：近集仙舊吏獻墨二挺，謹分一挺送上。雖名殊九子，狀異二螺，如虎掌者非佳，似兔支者差勝。不意吴興道士忽遇，因取上章；趙王神女得之，遂能注《易》。所恨隃麋松節，絶已多時；上谷㭊頭，求之未獲也。成式述作中躓，草隸非工，海若白事，足以驅策。詎可供成篆之硯，奪如椽之筆乎？

温答云：庭筠白，即日僮幹至，奉披榮誨，蒙賚易州墨一挺，竹山奇製，上蔡輕烟，色掩緇帷，香含漆簡。雖復三臺故物，貴重相傳；五兩新膠，乾輕入用。猶恐於潛曠遠，建業荒羸。韋曜名方，即求雞木；傅玄佳致，別染龜銘。恩加於蘭省郎官，禮備於松櫨介婦。汲妻衡弟，所未窺觀；《廣記》《漢儀》，何嘗著列。矧又玄洲上苑，青瑣西垣，板字猶新，疑籤尚整。帳中女史，每襲清香；架上仙人，常持縹帙。得於華近，辱在庸虛。豈知夜鶴頻驚，殊慚志業；秋蛇屢綰，不稱精研。惟憂痗物虛投，蠟盤空設。晉陵雖壞，正握銅兵；王詔徒深，誰磨石硯。捧受榮荷，不任下情，庭筠再拜。

段答云：昨獻小墨，殆不任用。籍根之力，殊未堅剛；和麩之餘，固非精好。既非懷化所得，豈是筑陽可求。況某從來政能，慚伯祖之市果；自少學業，愧稚川之伐薪。飛卿掣肘功深，焠掌忘倦，齊奮五筆，捷發百函。愁中復解玄嘲，病裏猶屠墨守。烟石所附，抑有神手；裁剳承訊，忻懌兼襟。莫測瘦詞，難知古訓，行當祗謁，條訪闕疑。成式狀。

温答云：昨夜安東聽偈，北窗追凉，楠枕才敧，蘭釭未艾，縹繩初解，紫簡仍傳，麗事珍繁，摛筆益贍。雖則竟山充貢，握槧堪書，五丸二兩之精英，三輔九江之清潤。葛龔受賜，稱下士難求；王粲著銘，歎遐風易遠。俱苞輸囿，盡入淙今，遺逸皆存，纖微悉舉。鷃觀鵬運，豈識逍遥；鯤入鮒居，應嗟坎窞。願承謦欬，以牖愚蒙。庭筠狀。

段答云：昨更拾從土黑聲之餘，自謂無遺策矣。但愧井蛙尚猶自恃，醯雞未知大全，忽奉毫白，復新耳目。重耳誤徹，謬設生慚；張奂致渝，研味難盡。詎同王遠術士，題字入木；班孟何人，噴書竟紙。雖趙壹《非草》，數丸志徵；汲媛餉夫，十螺求説。肝膽將破，翰答已疲，有力負之，更遲承問。成式狀。

温答云：伏蒙又抒沖襟，詳徵故事。蒼然之氣，仰則彌高；毖彼之泉，汲而增廣。方且驚神褫魄，寧唯矜甲投戈。復思素洛呈祥，翠嬀垂貺，龜字著象，鳥莢含華。至於漢省五丸，武部三善。仲宣佳藻，既詠浮光；張永研工，常稱點漆。逸少每停質滑，長庸常務色輕。搗乃韋書，知爲宋畫。荀濟提兵之檄，磨楯而成；息躬覆族之言，削門而顯。敢持蛙井，猶望鯤池，不任慚伏宗仰之至。庭筠狀。

段答云：赫日初昇，白汗四匝，愁議墨陽之地，懶窺《兼愛》之書。次復八行，盈襞交互。訪伏牛之夜骨，豈望登真；

迷良獸之沈脂，虚成不任。更得四供晉寢，五入漢陵，隱侯辭著於麝膠，葛玄術矜於魚吐。寧止千松政染，二丸可和，僧孺獨擅之才，周顒自謂無愧而已，支策長望，梯几熟眠，方困九攻，徒榮十部，齊師其遁，詎教脱扃。成式狀。

温答云：竊以童山不秀，非鄒衍可吹；智井無泉，豈耿恭不拜。墨尤之事，謂以獲麟；筆聖之言，翻同倚馬。静思神運，不測冥搜。亦有自相里而分，豈公輸所削，流輝精絹，假潤清泉。銘著李尤，書投蘇竟，字憂素敗，不畏飛揚。傳相見貽，守宫斯主，研蚌胎而合美，配馬滴以成章。更率荒蕪，益慚疏略。

庭筠狀。

段答云：藍染未青，玄嘲轉白；責羝羊以求乳，耨石田而望苗：殆將壯腸，豈止憎貌。猶記烟磨青石，黛漬幕書，施棖易思，號令難曉。蘇秦同志，傭力有而可題；王隱南遊，著書無而誰給。今則色流琅研，光滴彩毫，腹笥未緘，初不停綴。疲兵怯戰，惟願豎降。成式狀。

温答云：驛書方來，言泉更湧，高同泰峙，富類敖倉。怯蒙叟之大巫，駭王郎之小賊。尤有剛中巧製，廟裏奇香；黴上黨之松心，識長安之石炭。烏黔靡用，黿食難知；規虞器以成奢，默梁刑而嚴罪。便當北面，不獨棲毫。庭筠狀。

段答云：飛卿博窮奧典，敏給芳詞，吐水千瓶，有才一石。成式尺紙寒暑，素所不閑，一卷篇題，從來蓋寡。竊以墨事故負，巾箱先無，可謂有騏驥而雖疲，遵繩墨而不跌者。忽記鄴西古井，更欲探尋；虢略鏤盤，誰當仿效。况又劇問可答，但愧於子安；一見之賜，敢同於郅惲乎？陣崩鶴唳，歌怯雞鳴，復將晨壓我軍，望之如墨也。豈勝愁居懾處之至。成式狀。

温答云：庭筠閲市無功，持撾寡效，大魂障聽，蝸脘傷明。庸敢撫翼鵷鵬，追踪驥騄？每承函素，若涉滄溟。亦有叢懆尚存，戔餘與記。至於纔從權制，既禦秦兵；綬匪舊儀，仍傳漢制。張池造寫，蔡碣含舒。荷新淦之恩，空沾子野；發冶城之詔，獨避元規。窘類轢羹，辭同格飯，其爲愧怍，豈可勝言。庭筠狀。

段答云：韞匵遍尋，緘筠窮索，思安世篋内，搜伯喈帳中。更睹沈家令之謝箋，思生松黛；楊師道之佳句，才掞烟華。抑又時方得賢，地不愛寶，定知災祥不兩，誰論穹昊所無。還介方酬，鬱儀未晛，羽驛沓集，筆路載馳。豈知石室之書，能迷中散；麻繻之語，只辨光和。底滯之時，徵引多誤，彈筆搦紙，慚怯倍增。成式狀。

温答云：昨日浴籛時，光風亭小宴，三鼓方歸。臨出捧緘，在酲忘答，亦以蚳蝝久罄，川瀆皆隕。豈知元化之杯，莫能窮竭；季倫之寶，益更扶疏。雖有翰海壘石，湞陽水號。烟城倥詠，剩出青松；惡道遺踪，空留白石，扇裏止餘烏犉，屏間正作蒼蠅，豈敢猶彎楚野之弓，尚索神亭之戟？謹當焚筆，不復操觚矣。庭筠狀。

段答云：問義不休，攬筆即作，何啻懸鼓得搥也。小生方更陪鰓，尚自舉尾；更搜屋火，得復刀圭。因計風人辭中，將書烏皂；長歌行裏，謂出松烟。供椒掖量用百丸，給蘭臺率以六石。棠梨所染，滋潤多方；黎勒共和。周遮無法。傅玄稱爲正色，豈虛言歟？飛卿筆陣堂堂，舌端袞袞，一盟城下，甘作附庸。成式狀。

文嵩《松滋侯易玄光傳》

易玄光，字處晦，燕人也。其先號青松子，頗有材幹。雅淡清貞，深隱山谷不仕，以吟嘯烟月自娱。常謂門生邴炎曰：「余青山白雲之士，去榮華，絶嗜欲，修真得道，久不爲寒暑所侵，壽且千歲。然猶未離五行之數，終拘有限。予漸覺形神枯稿，是知老之將至矣。余他日必爲風雨所躓。後因子熾盛，余當神化爲雲氣之狀升霄漢矣。其留者號玄塵生，徙居黔突之上，必遇膠水之契，隃麋處士鹿角煎和丹砂麝香數味，遺而餌之。』其後果然，門生皆以青松子前知定數矣。玄塵生餌藥得道，自黄帝時蒼頡比鳥迹爲文，以代結繩之政，玄塵便與有功焉。其後子孫皆傳其術，以成道易水之上，遂爲易氏焉。玄光即玄塵曾孫也，家世通玄處素，其壽皆永。嘗與南越石虚中爲研究雲水之交，與宣城毛元鋭、華陰楮知白爲文章濡染之友。明天子重儒，玄慕其有道，世爲文史之官，特詔常侍御案之右，拜中書監儒林待制，封松滋侯。其宗族蕃盛，布在海內，少長皆親硯席，以文顯用也。

史臣曰：古者得姓，非官族世功，則多以地名爲氏，或爵邑焉，或所居焉。松滋侯易氏，蓋前山林得道人也。青松子富有春秋，不顯氏名，其族或隱天下名山，皆避爲棟梁之用也。有居太山者，秦始皇巡狩至東岳，因經其隱所，拜其兄弟五人爲大夫焉。其參玄得道能神仙者，則自易水之上，後代故用爲姓云。

後序

班《志》有言曰：小説家流，千三百八十篇，蓋出乎稗官道途之説也。孔子曰：『雖小道，亦有可觀者焉。』苟致遠而不泥，庶亦幾於道也。矧善其事者必利其器，尋其波者必討其源。吾見其決洩古先之道，發揚翰墨之精，莫不由是四者，方傳之無窮乎？苟闕其一，雖敏妙之士，如廉頗不能將楚人也。嘗觀《茶經》《竹譜》，尚言始末，成一家之説，況世爲儒者，焉能無述哉？因閲書秘府，遂檢尋前志，並耳目所及、交知所載者集成此譜。聞之通識者，識者亦曰可，故不能弃。其冠序則有騎省徐公述焉。敢以胸臆之志，復書於卷末云。

時皇宋龍集丙戌，雍熙紀號之三載九月日，翰林學士蘇易簡書。

附録

四庫全書提要

臣等謹案：《文房四譜》五卷，宋蘇易簡撰。易簡字太簡，梓州銅山人。太平興國五年進士，累官衾知政事，以禮部侍郎出知鄧州，移陳州，卒。事迹具《宋史》本傳。易簡所作《續翰林志》，洪遵收入《翰苑羣書》中，已別著録。是編集古今筆、硯、紙、墨原委本末及其故實，繼以辭賦詩文，合爲一書，前載徐鉉序。末有雍熙三年九月自序，謂因閲書秘府，集成此譜。

蓋亦類書之體也。其搜採頗爲詳博，如梁元帝《忠臣傳》、顧野王《輿地志》等書，今皆久亡，惟藉此以獲見其畧。其他徵引，亦多宋以前舊籍，足以廣典據而資博聞。凡《筆譜》二卷，《硯》《紙》《墨譜》各一卷，而以筆格、水滴附焉。當時甚重其書，至藏於秘閣。尤袤《遂初堂書目》作『文房四寶譜』，又有『續文房四寶譜』，此止題『文房四譜』，與《宋史》本傳相同，蓋後人嫌其不雅，删去一字也。乾隆四十六年十月恭校上。

黄廷鑑跋

此書向無善本，照曠閣刊《學津》時，出其家藏抄本屬校，謬誤殆不可讀。讎勘再三，粗成句讀。而中如《文嵩四侯傳》，及《墨譜》中段温贈答書狀十五首，不見於他類書徵引者，概從闕如，緣是録副未梓。己卯冬，晤錢塘夢華何君，云近得鶴夢山房舊抄完本，從之借校。今春夢華何君携書來，知又新從振綺堂汪氏本校過者，狂喜欲絶。鑒遂從兩本合校一過，補卷一《筆之雜説》脱文四十二條、卷二《筆之詞賦》一條、卷三《硯之叙事》九條。其餘闕文錯字，約計二百八十餘字。其異同處兩通及存疑者，不計焉。是書至是可稱完善矣。特未知視《敏求記》所云絳雲勘對疑似之本，相去又何如也。拙經老人黄廷鑑識。